UNIVERSITÉ DE BORDEAUX

FACULTÉ DE MÉDECINE ET DE PHARMACIE

ANNÉE 1916-1917　　Nº **18**

SOUVENIRS MÉDICAUX

DE LA

CAMPAGNE DES FUSILIERS MARINS

(Août 1914-Novembre 1915)

THÈSE POUR LE DOCTORAT EN MÉDECINE

présentée et soutenue publiquement le Mercredi 18 Avril 1917

PAR

Antoine-Laurent-Élie-Jules BERTROU

MÉDECIN DE 2ᵉ CLASSE DE LA MARINE
CHEVALIER DE LA LÉGION D'HONNEUR

Né à Pennautier (Aude), le 18 avril 1890.

Examinateurs de la Thèse	MM. ARNOZAN,	professeur.	Président.
	MOURE,	professeur.	
	PRINCETEAU,	agrégé......	Juges.
	PERY,	agrégé......	

BORDEAUX
IMPRIMERIE DE L'UNIVERSITÉ
Y. CADORET
17, RUE POQUELIN-MOLIÈRE, 17

1917

UNIVERSITÉ DE BORDEAUX

FACULTÉ DE MÉDECINE ET DE PHARMACIE

ANNÉE 1916-1917   N° **18**

SOUVENIRS MÉDICAUX

DE LA

CAMPAGNE DES FUSILIERS MARINS

(Août 1914-Novembre 1915)

THÈSE POUR LE DOCTORAT EN MÉDECINE

présentée et soutenue publiquement le Mercredi 18 Avril 1917

PAR

Antoine-Laurent-Élie-Jules BERTROU

MÉDECIN DE 2ᵉ CLASSE DE LA MARINE
CHEVALIER DE LA LÉGION D'HONNEUR

Né à Pennautier (Aude), le 18 avril 1890.

Examinateurs de la Thèse

MM. ARNOZAN,	professeur.	*Président.*
MOURE,	professeur.	
PRINCETEAU,	agrégé......	*Juges.*
PERY,	agrégé......	

BORDEAUX
IMPRIMERIE DE L'UNIVERSITÉ
Y. CADORET
17, RUE POQUELIN-MOLIÈRE, 17

1917

FACULTÉ DE MÉDECINE ET DE PHARMACIE DE BORDEAUX

A MA FIANCÉE

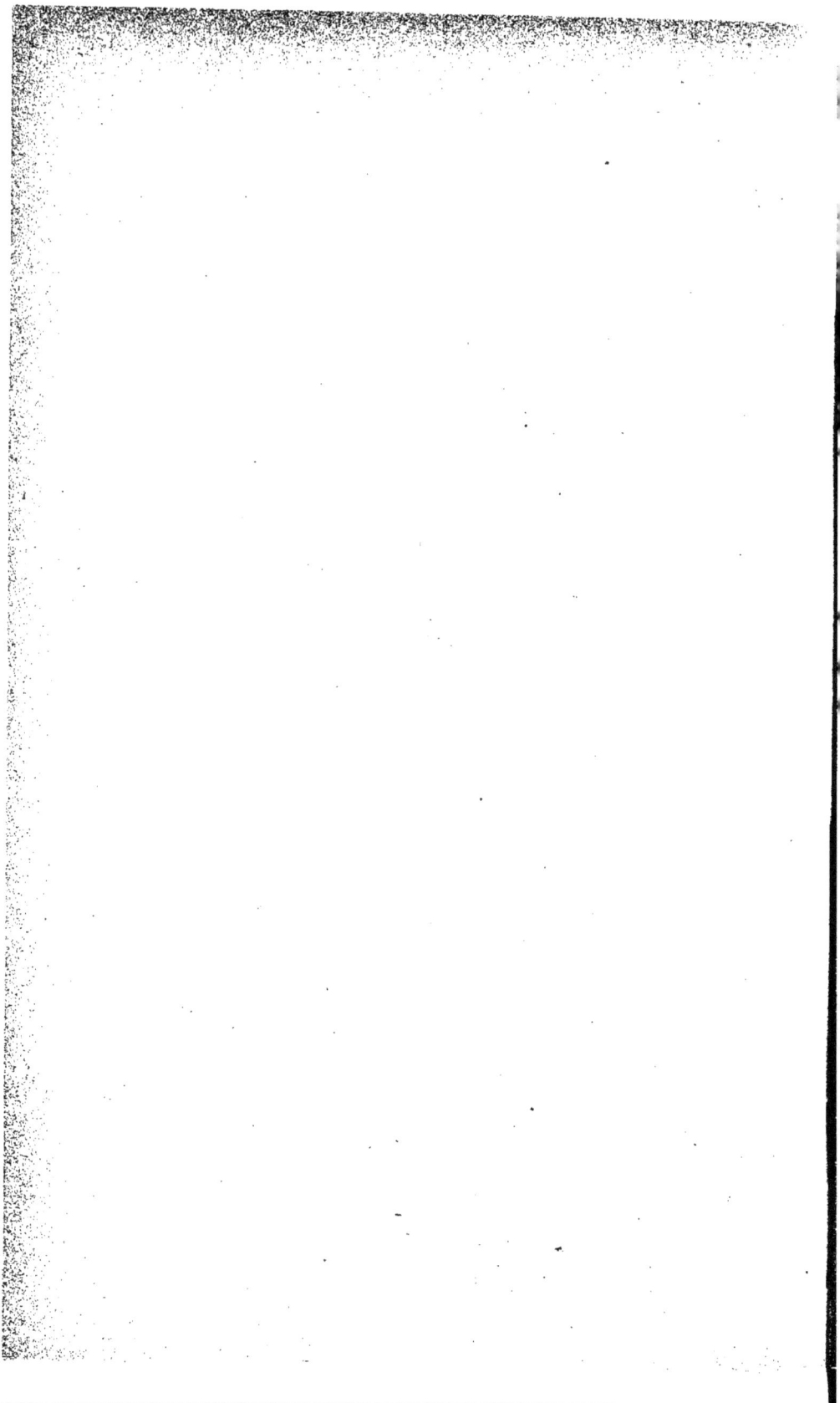

A MON PÈRE ET A MA MÈRE

Témoignage de ma vive reconnaissance
et de ma profonde affection.

———————

A MON FRÈRE

———————

MEIS ET AMICIS

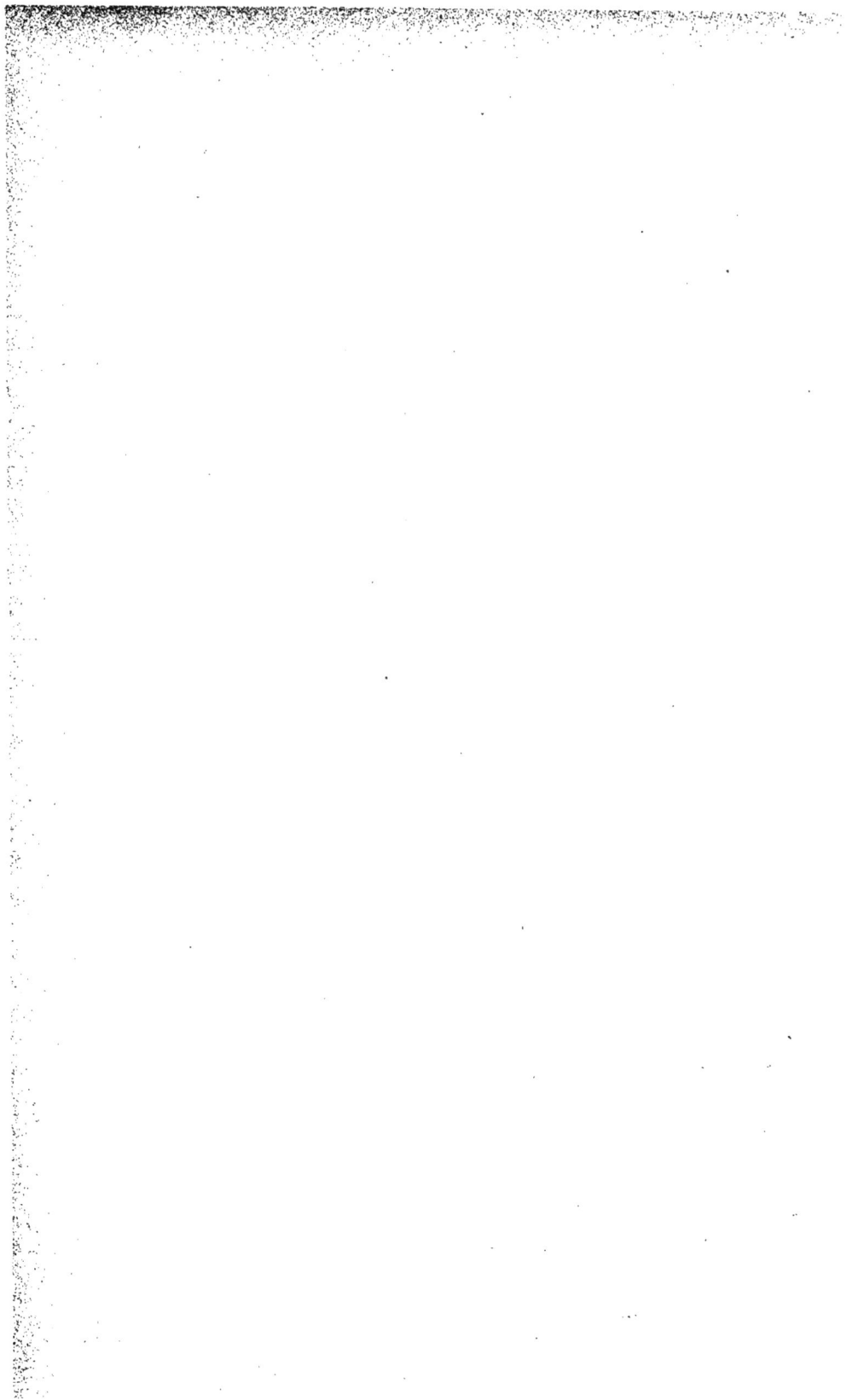

A LA MÉMOIRE DE MES CAMARADES

TOMBÉS AU CHAMP D'HONNEUR

A MES CAMARADES

DE L'ÉCOLE DU SERVICE DE SANTÉ DE LA MARINE ET DES COLONIES

A MES PROFESSEURS ET MAITRES

DE LA FACULTÉ ET DE LA MARINE

A MES CHEFS

DE LA BRIGADE DES FUSILIERS MARINS

———

A MES CAMARADES

DU 2ᵉ BATAILLON DU 2ᵉ RÉGIMENT DE FUSILIERS MARINS

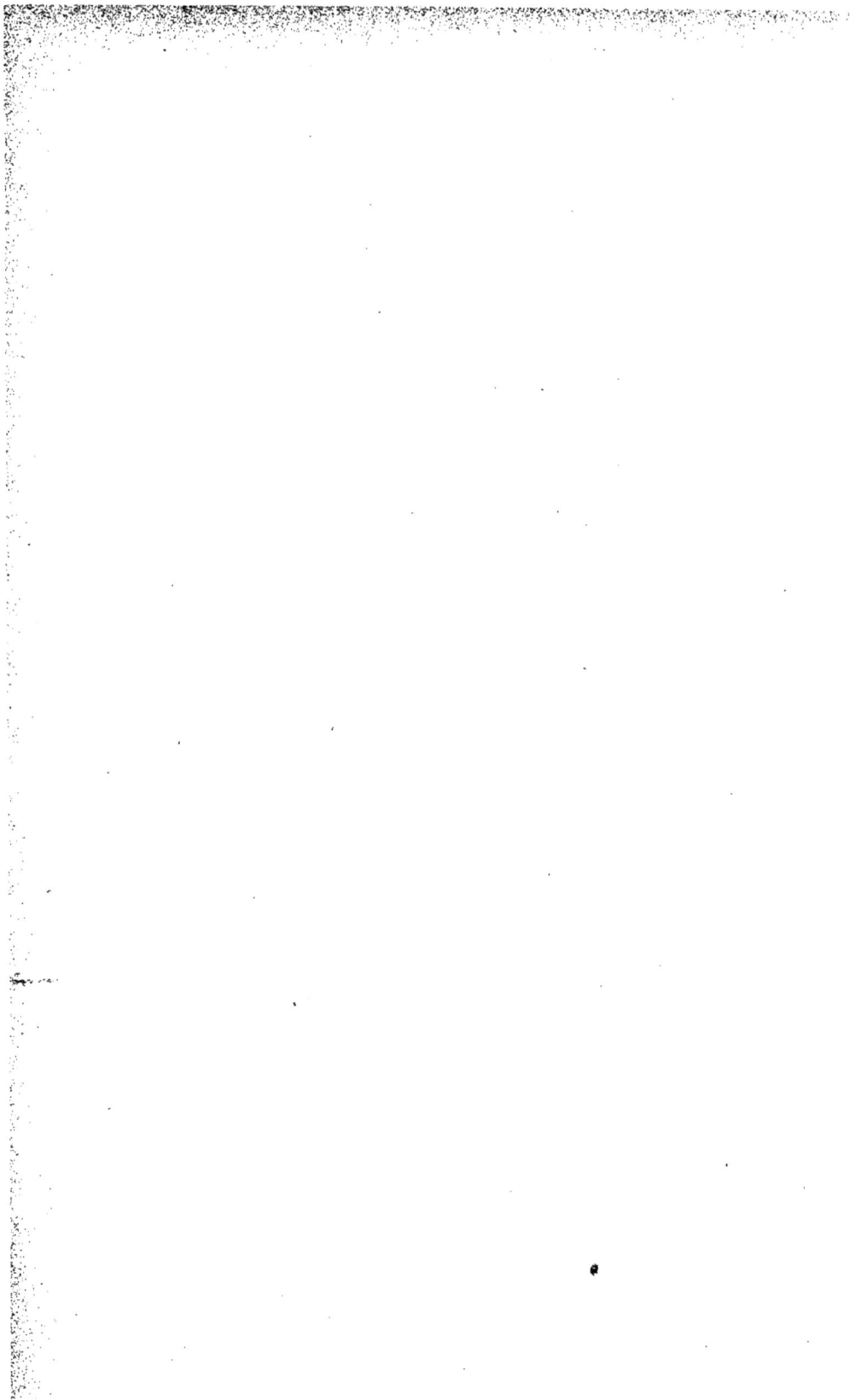

A Monsieur le Docteur JAN

Médecin général de la Marine,
Ancien directeur de l'École principale du Service de Santé de la Marine
et des Colonies,
Commandeur de la Légion d'honneur,
Officier de l'Instruction publique.

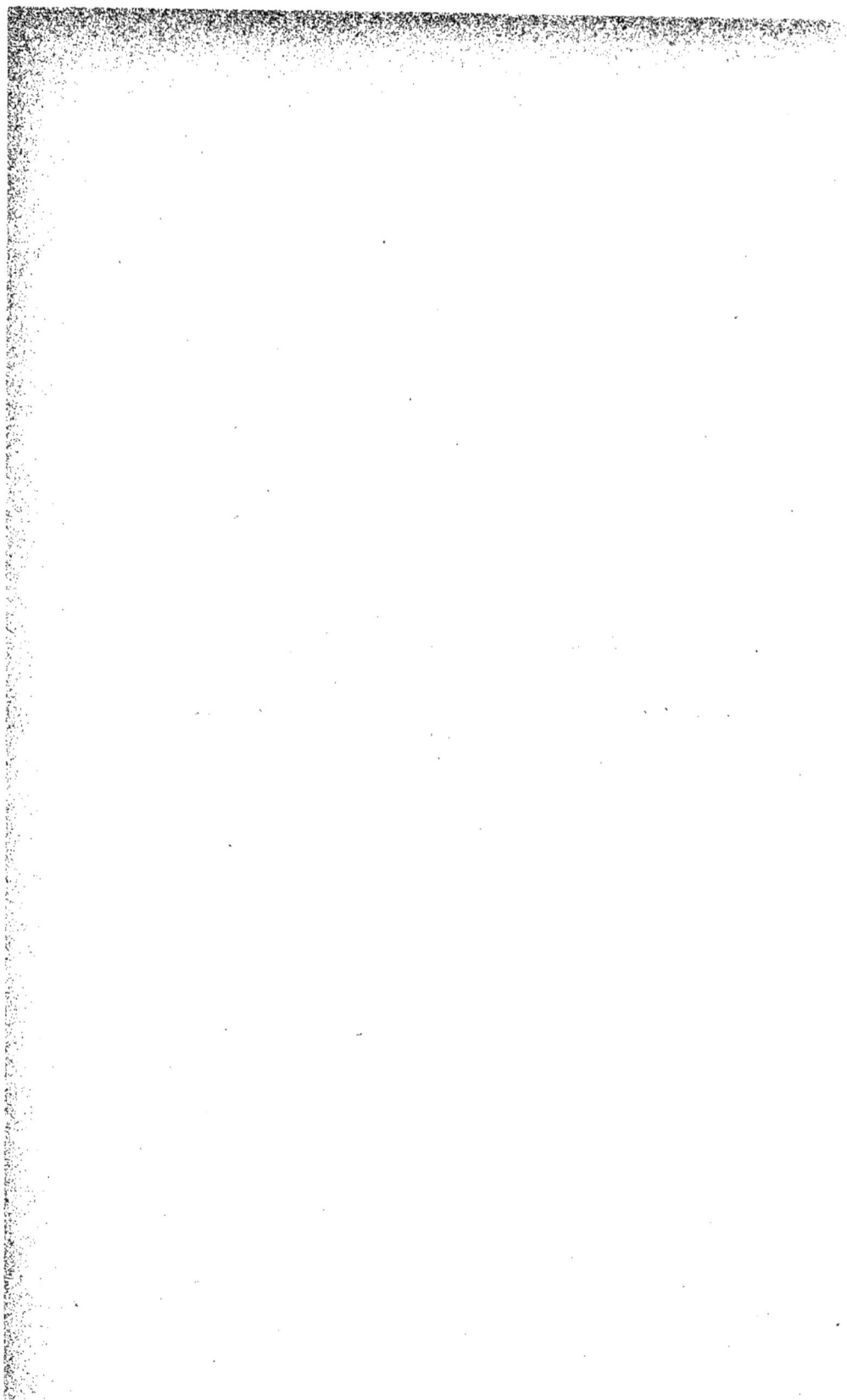

A mon Président de Thèse,

Monsieur le Docteur X. ARNOZAN

Professeur de clinique médicale à la Faculté de Médecine de Bordeaux,
Médecin honoraire des Hôpitaux,
Chevalier de la Légion d'honneur,
Officier de l'Instruction publique.

Veuillez accepter, cher Maître, l'expression de nos vifs sentiments de reconnaissance, pour les bonnes et fructueuses leçons de votre enseignement clinique et pour le bienveillant intérêt que vous nous avez témoigné en acceptant la présidence de cette thèse dont vous avez inspiré le sujet.

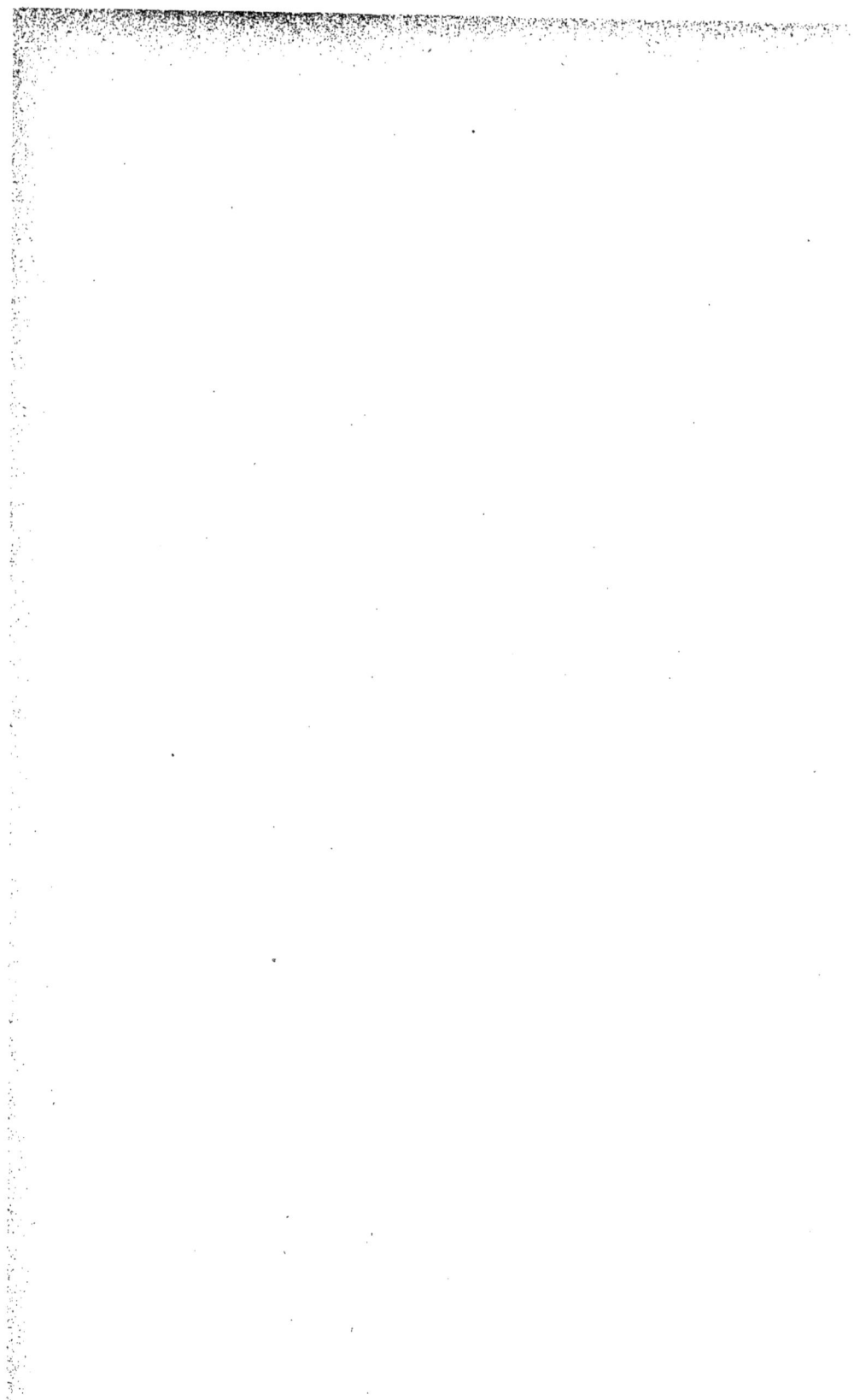

INTRODUCTION

En entreprenant ce travail, nous n'avons aucune prétention historique ni scientifique : nous laissons à d'autres le soin de raconter la campagne des Fusiliers marins. Nous n'ignorons pas les difficultés que nous aurons à faire de simples « souvenirs », une thèse inaugurale, et nous y aurions renoncé si notre président de thèse ne nous avait persuadé qu'elle pourrait intéresser le public médical : ce sera une page de plus ajoutée aux Annales médicales de cette guerre.

Du **27** août **1914** au **22** octobre **1915**, nous avons rempli les fonctions de médecin aide major au 2ᵉ bataillon du 2ᵉ régiment de la brigade des Fusiliers marins.

Loin de tout centre hospitalier et universitaire, il ne nous a pas été possible, depuis, de préparer pour notre thèse un sujet expérimental quelconque. Nous avons rédigé celle-ci pendant nos loisirs, au cours de nos différentes traversées, avec les seules ressources de notre mémoire et des quelques notes prises en campagne, auxquelles nous avons cependant ajouté quelques anecdotes dues à l'obligeance de camarades, médecins ou officiers, à qui nous adressons ici nos meilleurs remerciements.

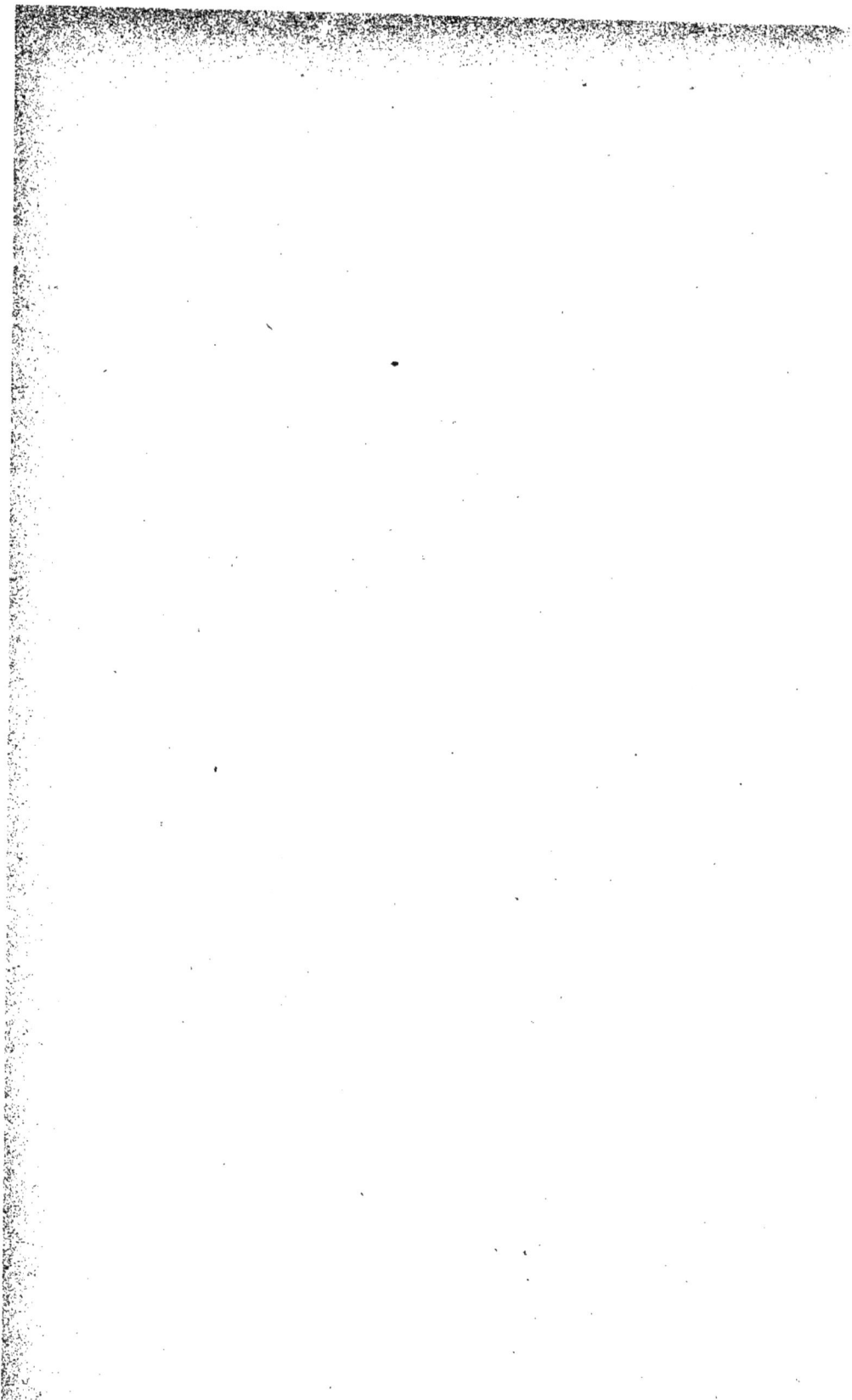

SOUVENIRS MÉDICAUX

DE LA CAMPAGNE DES FUSILIERS MARINS

(Août 1914-Novembre 1915)

CHAPITRE PREMIER

Formation du bataillon. Le camp retranché de Paris.

Quand nous sommes arrivé à Paris, le 27 août 1914, avec l'ordre de nous mettre à la disposition de l'amiral commandant en chef des bataillons de marche de marins, nous ne savions absolument rien de ce que l'on attendait de nous. Quelques cols bleus circulaient « en patrouille » dans les rues; on en voyait au Grand-Palais où un fort contingent achevait de s'équiper, à l'École Saint-Louis, à Saint-Denis, dans les environs de la capitale.

C'est à l'École Saint-Louis que nous sommes venu échouer en attendant une désignation définitive. Nous avons eu la bonne fortune d'y trouver trois de nos camarades de promotion déjà enrôlés dans le 1er régiment et le médecin de 1re classe de la marine, le docteur Le M...

Ce médecin, réserviste, avait fait campagne autrefois aux

colonies. Très affectueusement complaisant, il nous rappela ses marches dans la brousse et s'appliqua à nous faire comprendre le rôle que le médecin doit jouer dans une formation militaire. Nous ignorions tout. « Rappelez-vous, nous disait-il, que nous ne sommes pas que des médecins, mais aussi des officiers. Nous avons à soigner les malades sans doute, mais aussi à faire respecter la discipline. En guerre, ce qui compte, c'est le rendement de l'individu ; à nous incombe la tâche de voir si l'état du malade est compatible avec le rôle, si médiocre soit-il, qui lui est dévolu dans l'organisation de la défense nationale. Nous devons distribuer au commandement les énergies disponibles, distinguer le flibustier du malade, donner des conseils aux valides et surveiller leur hygiène ». Notre excellent docteur nous parlait à peine des blessés. Nous n'y pensions pas encore.

C'est avec cette préparation d'esprit que nous arrivons le 31 août au lycée Lakanal, à Sceaux. Le 2ᵉ bataillon du 2ᵉ régiment, auquel nous sommes enfin affecté, y est en pleine organisation. Nous y trouvons déjà deux médecins de 1ʳᵉ classe de la marine, de la réserve eux aussi, sans autres instruments que leurs bras et sans autre aide que leur bonne volonté ; ils attendaient des infirmiers et une voiture médicale avec du matériel. Jusqu'à ce jour, ils passaient la visite quotidienne des malades dans une dépendance du lycée transformée en ambulance de la Croix-Rouge.

Le 2 septembre, on reçoit l'ordre de rallier Saint-Denis. Les cadres de notre bataillon sont au complet : un capitaine de frégate commandant, un lieutenant de vaisseau à la tête de chacune de nos quatre compagnies ; les sections sont commandées par de jeunes enseignes, des officiers des équipages ou des officiers mariniers.

Nos hommes portent encore le col bleu, ils n'ont pas de havresac, mais c'est à Saint-Denis, paraît-il, qu'ils vont trouver ce qui leur manque... Nous tombons malheureusement dans une cohue indescriptible de troupes de diverses armes, de réfugiés du Nord ; nous apprenons l'avance des Allemands ; un avion à croix noire nous lâche quelques bombes. La Légion d'honneur où l'on nous a groupés est envahie par l'état-major d'une armée (?). Nous n'allons pas pouvoir nous organiser ici. A la hâte, on distribue aux hommes des cartouches et des biscuits.

Le lendemain matin, dès 4 heures, nous quittons Saint-Denis. Nous allons prendre position, à quelques kilomètres, sur les côtés de la route de Pierrefitte que nous avons mission de défendre. Nous n'avons encore ni voiture, ni matériel.

C'est à partir de ce jour que commence pour nos pauvres matelots, nullement entraînés à ce genre d'exercice, la rude épreuve des longues marches sous un soleil brûlant. Les quatre semaines que nous avons passées dans le camp retranché de Paris, nous n'avons pas tenu en place ; il semble que l'on ait voulu nous multiplier, peut-être pour donner le change aux espions et aux avions ennemis. Du Bourget à Montmorency, on nous voyait sur toutes les routes, le plus souvent entre 10 heures du matin et 4 heures de l'après-midi.

Nous avions cependant, sur ces entrefaites, obtenu de nos chefs l'indispensable : deux infirmiers, une voiture de livraison d'un magasin de Paris comme voiture médicale. Notre matériel, suffisant, comprenait quatre coffres à pansements et à médicaments de la marine, des pansements individuels, une caisse de chirurgie de la marine, une dizaine de brancards.

Nous n'eûmes de longtemps encore aucun rôle chirurgical à jouer. Notre rôle consistait surtout à nous gendarmer après les traînards, à interdire aux autres l'accès des jardins et des vergers qu'ils avaient une tendance trop naturelle à dévaliser au passage ; au cantonnement, il se bornait à administrer quelques pilules d'opium aux diarrhéiques, à soigner des érythèmes plantaires et des ampoules au talon. D'aucuns, malins, n'avaient pas attendu notre intervention pour soulager le cor qui les martyrisait : ils avaient réussi à le libérer et à l'aérer à la fois, en découpant à son niveau une petite fenêtre dans leur chaussure. Il faut dire que si l'on avait déjà donné à nos hommes le havresac, la gamelle et quelques outils portatifs, on leur avait laissé la tenue du marin et les souliers du bord peu propres à la marche.

Le 10 septembre, nous apprenons la retraite des Allemands sur la Marne, mais les bruits les plus contradictoires circulent sur cet événement : il paraît qu'un détachement ennemi, coupé du gros de l'armée, essaye de se frayer un passage dans notre direction. Alerte! Nous allons à Dugny à sa rencontre. A 500 mètres du village, de chaque côté de la route par où l'on croit voir déjà arriver l'ennemi, nos compagnies prennent position. Nous en profitons nous même pour appliquer « à la lettre » nos vagues connaissances sur le service médical en campagne; nous parcourons les rangs des tirailleurs, distribuons nos brancardiers et nous-même nous installons dans un « abri » avec notre quartier-maître infirmier. Derrière nous, à 800 mètres, notre médecin-major constitue avec la voiture médicale le poste de secours. Pas de voiture d'évacuation, naturellement... Où aurions-nous conduit nos blessés?

Il nous souvient maintenant que la disposition du terrain sur lequel nous attendions l'ennemi — imaginaire heureusement — était telle qu'aucun de nos moindres mouvements n'aurait échappé à un observateur nous épiant d'un coteau voisin, à 1.000 mètres devant nous. Nous éprouvions cependant une réelle impression de sécurité.

Nos hommes, avec leur insouciance magnifique, rompent un à un du « poste de combat » les uns pour se prélasser à l'ombre, les autres pour préparer le « jus »; d'autres, plus pratiques, profitent de la proximité d'un ruisseau pour laver un tricot qu'il sécheront ensuite au soleil.

Quand nous rentrons à Dugny, le soir, les premiers journaux nous annoncent officiellement la retraite des Allemands. N'allons-nous pas nous mettre à leur poursuite et aller dans le Nord? Pour la première fois, on chuchote dans nos rangs que nous irons peut-être bien nous battre.

Nous cantonnons quelques jours encore à Dugny. Deux de nos compagnies logent dans le village, les deux autres à Arnouville, à trois kilomètres de là.

L'organisation de notre service médical est encore bien rudimentaire : tandis que notre médecin-major, le docteur Mielvacque, organise une petite infirmerie dans une grange, à Dugny, le docteur Degroote et nous, nous réservons d'aller tous les matins à Arnouville passer la « visite des pieds ». Nous n'avons encore constaté aucun cas de maladie sérieuse, mais nous évacuons les premiers éclopés sur l'Ambulance de brigade n° 2 qui fonctionne justement à côté de nous.

Le 14, alerte : notre bataillon doit faire une battue dans la forêt de Chantilly où se cachent, paraît-il, quelques uhlans. Nous rentrons bredouille, évidemment..., après une marche de 40 kilomètres. Le retour s'est fait sous la pluie. Au cours de l'année 1915, nous avons dû délivrer un certificat d'origine de maladie à un ancien de notre bataillon, réformé pour tuberculose pulmonaire : il la faisait remonter à un gros rhume contracté au cours de cette marche à travers bois.

Déjà notre rôle médical se précise. Le 16, le docteur Degroote nous quitte pour prendre du service à l'Ambulance n° 2 et nous restons seul avec le docteur Mielvacque. Nous complétons notre personnel jusque-là très réduit par l'adjonction à notre quartier-maître et à notre matelot infirmier, de huit brancardiers encore à instruire. Plus tard seulement, à Nieuport, nous créerons des brancardiers de compagnie.

C'est dans ces conditions que nous reprenons nos marches dans le camp retranché de Paris. Nous faisons partie de la commission de cantonnement, inspectant par avance le logement des hommes, nous préoccupant de leur couchage et de l'eau de boisson. Quand le commandant organise, le 19 septembre, des tirs d'exercice dans les carrières de Groslay, nous y suivons nos compagnies.

Nos marins portent encore le col bleu, mais ils ont brûlé des cartouches ; il ne leur manque plus que la capote d'infanterie pour être de vrais soldats ; on la leur délivre à Montmagny, le 23 au soir.

Deux jours après, nous cantonnons à Roissy-en-France avec trois de nos compagnies ; très confortablement logés dans une villa particulière, nous disposons d'un local assez vaste pour l'infirmerie. La quatrième compagnie cantonnait, elle, à trois kilomètres de nous, dans une petite bourgade déserte, Vaudherland ; nous allions tous les matins y passer la visite médicale.

Il nous souvient d'avoir trouvé là, installé à demeure, un jeune médecin auxiliaire dont la situation militaire ne nous paraissait pas claire. Il avait été en Belgique, nous disait-il, et au moment de la retraite de Charleroi était rentré en France avec un train sanitaire ; il n'avait plus réussi ensuite à retrouver son régiment. Il s'était alors adressé directement au « ministère de la Guerre » qui l'avait envoyé à Vaudherland avec la mission de « donner occasionnellement des soins aux troupes qui y cantonneraient ». Il ne connaissait pas de chefs hiérarchiques. Nous avons quitté Roissy-en France au moment où nous commencions à prendre des renseignements sur ce jeune confrère qui rirait peut être aujourd'hui — et nous le souhaitons — s'il savait qu'il est passé à nos yeux pour un espion.

N'avions-nous pas été nous-même, d'ailleurs, à cette même époque, victime d'un pareil soupçon ?

Nous allions un jour en taxi conduire à l'hôpital militaire de Saint-Denis un de nos hommes atteint d'un gros phlegmon du pied gauche. Le pied, très douloureux, emmailloté dans un volumineux pansement, repose sur le rebord de l'auto découverte. Nous avons le « mot », mais il ne suffit pas, paraît-il, puisque on nous retient un quart d'heure au poste de garde établi à l'entrée de la ville. On nous fait subir un long interrogatoire auquel il nous est parfois difficile de répondre. « Ils n'ont pourtant pas l'air Allemands ! ». Ce mot, lancé dans la foule par un curieux, achève de décider en notre faveur le sergent chef de poste qui nous ordonne cependant de faire demi-tour pour aller chercher le permis de circuler réglementaire. Nous sommes rentrés à Saint-Denis avec deux heures de retard. Les boulevards étaient noirs de monde ; l'énorme pansement de notre éclopé attirait de loin les regards de tous. Obligés de modérer un moment notre allure, des curieux s'avancèrent et finirent par nous jeter des fleurs. Notre matelot à qui allaient manifestement ces témoignages de sympathie rougissait d'aise ; oublieux de son mal, il rêvait sans doute de glorieuses blessures.

Nous avouons que nous n'avons rien fait pour désillusionner la foule. C'étaient les premières fleurs qu'on nous jetait. Nous brûlions tant d'en gagner! Jamais nous n'oublierons l'empressement tout fait d'affection et de reconnaissance dans lequel un vieux commandant d'infanterie de réserve rectifia notre route.

Qu'aurions-nous donné pour revenir réellement du front?

Nous nous sommes contentés, deux jours après, de faire la « petite guerre ». Cet exercice, soigneusement étudié par le commandement, consistait en l'attaque, par nos trois compagnies de Roissy-en-France, du village de Vaudherland défendu par la quatrième. Pour nous, c'était une excellente occasion de dresser au combat notre personnel brancardier. Nous le réunissons pour lui expliquer le rôle qu'il aura à jouer. L'action commence; les blessés tombent nombreux, nos marins trouvant sans doute plus fatigant de monter à l'assaut. Nos brancardiers, sous notre direction personnelle, appliquent soigneusement les pansements individuels, nous consolidons les fractures avec des fourreaux de baïonnette, « comme dans les livres » et nous dirigeons les blessés, par petits paquets, en des « nids » abrités où nous reviendrons les prendre plus tard.

Cet exercice, plus pittoresque qu'utile, nous fait cependant sentir l'insuffisance numérique de nos brancardiers et entrevoir la difficulté du problème de l'évacuation des blessés.

L'étude de ce problème s'impose d'autant plus à nous que déjà des bruits circulent sur notre départ prochain. Nous portons alors le nombre de nos brancards à **24**.

Sur l'ordre de notre médecin en chef, nous dressons la liste des hommes vaccinés contre la fièvre tyhoïde ou ayant eu la maladie.

Nous sommes aux premiers jours d'octobre. L'équipement des hommes est au complet, l'état sanitaire excellent. Nous leur faisons subir cependant une sorte de conseil de révision dans le but d'éliminer ceux qui seraient inaptes à faire « campagne de guerre »; mais devant le nombre excessif des éclopés qui manifestaient, à vrai dire, plus de mauvaise volonté que d'inaptitude physique, le commandement décide de ne rien changer à l'effectif. On nous accorde simplement une nouvelle voiture de livraison, à deux chevaux, pour les éclopés.

Le bataillon reste au repos pendant quelques jours. Les plaies au pied se cicatrisent; on procède à des inspections fréquentes de l'équipement; nous distribuons des pansements individuels de la guerre. Le soir, nous entendons très distinctement le son du canon... l'espoir de partir bientôt donne de l'ardeur aux moins braves.

Le 5 octobre, l'ordre de départ pour Villers-Cotterets, pour le Nord (?) ensuite, arrive au bataillon. En vingt-quatre heures, on peint toutes nos voitures en gris de guerre. Tout est prêt; encore une étape avant d'arriver à Saint-Denis et, le 6 octobre, à onze heures du matin, nous nous embarquons pour une destination inconnue, Amiens, dit-on, en tout cas, pour « taper sur le boche ». Tout le monde est ravi.

A Creil, nous perdons pour un instant notre médecin-major. Descendu à l'arrêt avec deux autres officiers de bataillon, il ne voit pas le train repartir et se trouve dans l'obligation de réquisitionner une locomotive qui lui permet de nous rejoindre à la station suivante. En pleine nuit, Dunkerque.. on continue. Nous traversons Furnes, Cortemark... Les populations, massées sur les quais de la gare, nous acclament, nous distribuent des vivres, du café, des cigares. Mais à Gand, il faut descendre; nous sommes au 8 octobre 1914, il est neuf heures du matin. La voie ferrée est coupée 10 kilomètres plus loin.

CHAPITRE II

Le premier coup de feu. La retraite.
La bataille de l'Yser.

La chute d'Anvers est imminente et nous avons pour mission de maintenir en échec, pendant quarante-huit heures, les avant-gardes allemandes qui se pressent déjà à Melle et à Quatrecht pour couper la retraite à l'armée belge.

La population de Gand nous accueille avec une joie délirante comme des sauveurs. Nous sommes six mille, mais sans artillerie. Comment allons-nous résister à la poussée allemande ?

Considération sur la vie normale du marin en temps de paix.

Pour écrire ce paragraphe, nous avons largement puisé dans le traité d'hygiène navale de MM. Jan et Planté.

Chaque année, les hommes qui doivent servir à la flotte sont appelés par quatre voies différentes :

1° l'inscription maritime, englobant les Français ou naturalisés français exerçant la pêche ou la navigation à titre professionnel ;

2° les engagements volontaires, à longs termes, contractés à l'âge de seize ans, et les engagements de cinq ans ;

3° les jeunes gens qui, au commencement des opérations du conseil de révision, demandent à servir dans la flotte et sont reconnus aptes à ce service ;

4° les rengagés qui atteignent dans la marine une proportion très élevée.

Les inscrits maritimes et les engagés fournissent chacun à la qu'un court séjour dans les dépôts ou dans une compagnie de formation.

Beaucoup étaient sans grande instruction militaire, mais de race solide et particulièrement dévoués à leurs chefs. Il ne faut pas croire cependant que la rude bataille de Dixmude ait été soutenue par des troupes n'ayant aucune préparation militaire; il y avait, à la brigade, des jeunes gens peu expérimentés des choses de la guerre, mais ils étaient parfaitement encadrés par de vrais fusiliers. Le personnel officier surtout avait été particulièrement choisi; à notre bataillon, nos quatre premiers capitaines de compagnie étaient des professeurs de l'École de Lorient.

1° Combats autour de Gand.

A Gand, la fête fut de courte durée. Dès 4 heures du matin, le lendemain de notre arrivée, nous « appareillions » pour Melle — à 9 kilomètres dans la direction de Bruxelles — où les Belges se battent déjà depuis quelques jours. A midi, notre régiment était engagé, d'abord le 3e bataillon, le nôtre peu de temps après. Notre ligne s'étendait à droite de la grande route de Bruxelles, le long de la voie ferrée. Nous eûmes peu de pertes dans la circonstance, n'ayant pas eu à essuyer le feu de l'artillerie.

Pour la première fois nous devions organiser devant l'ennemi notre service de secours aux blessés.

Tout le régiment étant engagé sur un front relativement restreint, notre médecin-major, le docteur Duguet, prit lui-même en mains l'organisation du poste de secours. Il s'installa sur la route de Bruxelles, à 1 kilomètre et demi environ de la ligne de feu, dans la même maison qui servait de poste de commandement. Pendant ce temps, sur le talus même du chemin de fer qui servait de tranchée, près de nos officiers, nous partagions l'entrain et la belle humeur avec laquelle nos hommes recevaient le baptême du feu. Avec notre médecin-major de bataillon et les médecins du 3e bataillon, nous avions créé à 150 mètres en arrière environ, sous le pont du chemin de fer, un petit poste où les blessés étaient pansés d'abord avant d'être dirigés sur le poste de secours. Là le docteur Duguet s'occupait de dresser leur fiche de diagnostic et de leur évacuation sur nos ambulances de brigade au moyen des automobiles de l'armée belge et des automobiles de la Croix-Rouge volontaire anglaise.

On tirailla sans interruption pendant une grande partie de la nuit. Au jour, nous nous disposions à regagner Melle quand on vint nous prier de panser des blessés allemands entre les deux lignes. Trop heureux de l'occasion qui nous était offerte de voir de près des Allemands et de parcourir le champ de bataille après le combat — comme nous devions régulièrement le faire d'après le manuel de service en campagne — nous sautons pardessus la tranchée de tir et nous nous enfonçons dans les champs de betteraves, suivi de quatre brancardiers.

A 500 mètres en avant, environ, nous rencontrons le premier blessé; c'était un énorme Allemand atteint d'une fracture ouverte de la cuisse droite; après l'avoir pansé et immobilisé tant bien que mal sur le brancard, nous le faisons évacuer immédiatement. Puis nous continuons nos recherches. 300 mètres plus loin, nous arrivons aux limites d'un grand parc que surveillent deux marins postés en sentinelles. Devant eux, un champ de betteraves où des masses grises remuent; ce sont des blessés qui demandent du secours; nous en comptons une dizaine. Enthousiastes, mais... prudents, nous avançons vers eux en leur faisant comprendre par signes de lever leurs bras en l'air; ils obéissent — ceux qui le peuvent — dociles et surpris; tous étaient atteints, évidemment, de blessures très graves. Nous nous rappelons deux fractures de cuisse, une fracture de jambe, trois plaies pénétrantes de l'abdomen, une plaie de la poitrine.

Nous avons passé environ une demi-heure auprès de ces blessés très courageux devant la douleur. Les plaies, toutes par balle, avaient mauvais aspect; les bords de l'orifice d'entrée étaient taillés à pic, légèrement décollés; tout autour la peau était tendue, livide.

Aucun ne parlait français; après les avoir pansés, nous les groupons au pied d'une meule de paille en les priant par signes d'y attendre des secours. Effectivement, de nos hommes arrivent sans tarder, mais combien nombreux! Toute une bande de matelots alléchés par le désir de faire une moisson de casques a suivi nos brancardiers... Du bois voisin partent à ce moment quelques coups de feu dans notre direction. Comme une nuée de moineaux, tout le monde se disperse ; les sentinelles françaises nous obligent nous-même à nous retirer. Les blessés seront enlevés par les leurs la nuit suivante.

Cette nuit-là, la fusillade fut moins nourrie. Les Allemands montrèrent peu d'activité et dans la journée, le 11, on donna aux hommes le temps de se reposer.

Ignorant la situation militaire et les plans de notre état-major, nous fûmes très surpris, à cinq heures de l'après-midi, de recevoir l'ordre brutal de nous replier sans perdre une minute. On dresse des barricades, sur la route derrière nous, avec des bancs d'école, on boucle sa cantine et nous repartons vers Gand.

Retraite de Belgique.

Il fait nuit noire quand nous traversons Gand ; la population nous regarde curieuse, sympathique encore, mais inquiète. « Cela m'a tout l'air d'une retraite! » entendons-nous dans un groupe. Nous n'y croyons pas encore...

Mais la route s'allonge démesurément ; les traînards sont nombreux, notre voiture d'éclopés est pleine ; nous sommes obligé d'instituer une sorte de roulement pour permettre à un plus grand nombre de se reposer. Un capitaine de compagnie porte le sac d'un de ses hommes sur un parcours de plusieurs kilomètres.. Et il faut marcher encore. La campagne flamande s'étend monotone et désespérément plate devant nous ; les arbres paraissent coupés par le milieu par un mince voile diaphane de brume qu'éclaire maintenant une lune fantasmagorique. Pour aller plus vite, on espace les haltes réglementaires, on ne s'arrête que toutes les heures et demie, puis toutes les deux heures ; les trois dernières heures de marche se firent sans arrêt. La machine humaine n'en pouvait plus ; elle était arrivée à la limite de l'épuisement. En rang, par quatre, la colonne marchait automatiquement, les deux hommes du milieu s'arcboutant l'un contre l'autre pour ne pas tomber. Nous-mêmes avions les pieds en feu, la poitrine serrée, les épaules meurtries. Pour comble de misère, notre voiture d'éclopés chavire dans un fossé. Personne ne se blesse, mais il ne faut pas songer à la relever... Enfin quatre heures du matin; on arrive à Aeltre, après avoir parcouru tout d'une traite 41 kilomètres.

Des cantonnements avaient été préparés, très exigus et froids; nous sommes trop heureux de coucher à six dans une petite cuisine. A huit heures du matin, au branle-bras, nous recommandons aux hommes de bien savonner leurs pieds à l'eau froide, car il y a encore une longue route à faire. Mais ces quatre heures de sommeil nous ont procuré le plus grand bien. Un à un les traînards arrivent, la voiture d'éclopés même réussit à nous rejoindre et à midi nous repartons vers Thielt.

Thielt, Thourout... nous devons nous arrêter et nous organiser plus loin, à un nœud de routes près de Cortemark. Nous y arrivons dans la matinée du 14.

On creuse des tranchées; nous disposons notre poste de secours à 600 mètres en arrière, mais nous nous rendons bien compte de l'impossibilité matérielle dans laquelle nous nous trouverions d'évacuer les blessés au cas d'engagement avec l'ennemi. Nous ne l'attendons pas heureusement. Le lendemain matin, à quatre heures, nous nous replions sur l'Yser qui coule à 15 kilomètres plus loin. Nous arrivons à Dixmude, à dix heures du matin. C'était le 15 octobre 1914.

2º Dixmude.

C'est à Dixmude que les Fusiliers marins ont écrit la plus belle page de leur histoire. Après leur avoir arraché cette ville, les Allemands, pour expliquer et excuser leur échec de plus d'un mois, ont prétendu que son organisation défensive était formidable. En fait, les tranchées « blindées d'acier et de maçonnerie » étaient par endroits de simples trous creusés derrière un tas de cailloux ou un mur de cimetière. La vraie forteresse devant laquelle les efforts des Allemands se sont brisés, c'était l'âme du marin français foncièrement patriote et endurcie à l'épreuve par de longues années de navigation.

Simples mais braves, les marins puisent leur ardeur dans le culte du drapeau que développe chez eux la vieille habitude consacrée dans la marine de saluer en grande pompe « les couleurs » au lever et au coucher du soleil, et dans la confiance de leurs chefs.

Comme de grands enfants ils oublient vite le danger et ne voient que le côté pittoresque des situations les plus pénibles où ils continuent à garder leur entrain et leur bonne simplicité. Leur enfantillage est parfois même excessif et devient de l'imprudence : malgré une surveillance étroite, les ordres les plus sévères, nous les verrons sortir de leurs abris au moment des bombardements les plus violents et pour des raisons futiles : remplir un bidon, voir un camarade ou seulement pour le plaisir de sortir, de se donner de l'air. A Dixmude, cette imprudence eut peut-être l'avantage inattendu de tromper l'ennemi sur l'effectif réel des forces qui lui étaient opposées ! Elle était en tout cas incorrigible : plus tard, à Nieuport, nous verrons octroyer huit jours de prison à un matelot « pour s'être promené en plein jour sur une route découverte à proximité des premières lignes et avoir attiré inutilement le bombardement par l'artillerie ennemie ». A la même époque, nous en verrons un autre aller de jour en terrain découvert ramasser un lièvre qu'il avait tué entre les deux lignes.

Quoiqu'ils ne sachent pas encore s'adapter aux exigences de la guerre moderne et qu'ils aient à souffrir de conditions hygiéniques défectueuses, ils « tiendront » comme roc là où leur officier les placera et resteront impassibles sous la mitraille. Auraient-ils tenu trente-trois jours durant s'ils avaient su?... Ils resteront là avec les habitudes d'endurance et d'abnégation que le métier de la mer développe au plus haut degré (Il y avait beaucoup de jeunes sans doute parmi les Fusiliers marins, mais ils étaient noyés dans la forte proportion des réservistes).

Sur le navire de guerre, le marin ne pense pas qu'il peut fuir, qu'il soit canonnier, maître d'hôtel ou télégraphiste, il sait qu'il faut lutter jusqu'au bout, car il n'y a pas de retraite : s'il est vaincu, c'est le gouffre; quelque dru que tombe la mitraille il ne peut abandonner son poste.

Et la vie à la mer sur nos bateaux de pêche n'est-elle pas aussi une rude école d'abnégation et de sacrifice ?

Si la vie du bord favorise la confiance mutuelle de l'homme et de son chef, à terre les fatigues communes et les dangers courus ensemble les rapprochent davantage. Ici, comme à bord, les marins sentent le besoin d'un chef et, quel qu'il soit, quels que soient son âge et sa situation, ils se grouperont autour de lui quand l'imprévu les déconcertera.

Cette confiance dans le chef se double d'une affection sincère. A quelque spécialité qu'il appartienne, le marin donne à son « officier » l'exemple du même attachement.

Le docteur D..., médecin-major de l'un de nos bataillons, nous écrit justement le trait suivant : « Après avoir eu pas grand'chose » au début, j'étais arrivé rapidement à avoir une équipe de bran- » cardiers de tout premier ordre ; tous d'un dévouement absolu » et marchant sans jamais hésiter ; mais ils n'étaient pas seule- » ment dévoués aux blessés : en voici un exemple typique ».

« Un jour je causais avec C... qui faisait son service aux tran- » chées ou ailleurs comme les autres et qui de plus me servait d'or- » donnance. Je lui parlais de son pays. Il me répondait d'un » air étrange, avec cette mine des gens qui veulent dire quelque » chose et qui n'osent pas. Je l'interroge et il devient de plus en » plus embarrassé ; puis ses yeux se voilent et je crois bien qu'il » va pleurer... Comme il est fiancé et que je venais de lui parler » d'Elle ainsi que de ses parents, me voilà un peu inquiet. Avait-il » perdu quelqu'un des siens ? Ses fiançailles étaient elles rom- » pues ? Je craignais d'avoir trop parlé ; Qu'y-a-t-il donc ? lui » dis-je encore, avez-vous du chagrin ? — « Non, répondit-il, » prenant brusquement la résolution de parler, mais je voulais » vous dire que si vous deviez être tué un jour, ce jour-là je » voudrais être à vos côtés, parce que je voudrais que nous par- » tions ensemble », et de grosses larmes de couler le long de ses » joues. Vous devinez mon émotion en présence d'un pareil

» dévouement ; je vous assure que ce n'était pas de la comédie
» chez cette âme qui ne savait guère pleurer et qui n'avait peur
» de rien. C..., n'a jamais menti ».

Tel est le soldat qui va se battre devant Dixmude ; son entrain
et son excellent moral lui permettront d'endurer les pires
misères contre lesquelles notre organisation encore imparfaite
et les circonstances ne nous avaient pas permis de lutter.

Que d'éclopés et de traînards pendant nos marches autour de
Paris ! Quel contraste en Belgique ! Pendant la retraite de Gand,
nous n'avons eu aucune perte ; nous n'avons jamais eu aussi peu
de malades que maintenant. « N'est-ce pas la preuve du mer-
veilleux ressort de notre race ? »

Quand nous arrivons à Dixmude, le 15 octobre, la population
civile ne l'avait pas encore évacuée. Les hôpitaux de la ville
fonctionnaient sous la direction des médecins belges. Nos ambulances de brigade s'installent aux abords du pont de l'Yser.
Nous n'organisons pas encore de poste de secours et cependant
les avant-gardes allemandes prennent déjà le contact avec nos
avant-postes. Le commandement fait consolider à la hâte notre
position.

Le lendemain, les ambulances de brigade se reculent de 1
puis de 3 kilomètres; nous recevons les premiers blessés.

Dès les premiers jours, nos troupes occupèrent à Dixmude
deux séries de défense : l'une, irrégulière, appelée première
ligne, formait grosso-modo un grand arc de cercle autour de la
ville; l'autre, deuxième ligne ou ligne de réserve, suivait la
rive ouest du canal de l'Yser. Un pont tournant reliait les deux
rives.

Le 16 octobre, notre bataillon se trouvait en deuxième ligne.
Nous, nous étions installé dans une des nombreuses maisons
flamandes qui bordaient la route de Dixmude à Caeskerke, à
200 mètres du pont, tout près du poste de secours de l'un des
régiments belges qui contribueront avec nous à la défense de
l'Yser. Au cours de l'après-midi, les Allemands lancent les premiers obus sur la ville, ce qui décide les habitants à s'enfuir.

Le 17, le médecin-major de la compagnie de mitrailleuses

est blessé d'une balle de shrapnell, devant la porte de son ambulance. Ce sont les automobiles de l'armée belge et de la Croix-Rouge anglaise qui évacuent nos blessés encore peu nombreux.

Le 19 fut une rude journée pour notre bataillon qui avait reçu mission de s'emparer du village de Beerst, situé à 3 kilomètres environ au nord-est de Dixmude. A 10 heures, nous fonctionnions avec le personnel médical du 1er bataillon, dans une petite auberge flamande, à 200 mètres environ du carrefour de la route de Beerst, à 500 mètres du lieu de combat; déjà les blessés arrivaient nombreux; les automobiles belges qui les évacuaient sur Dixmude, où étaient venues s'installer pour la circonstance nos ambulances de brigade, ne désemplissaient pas. L'artillerie ennemie, heureusement peu fournie, ne vint pas nous gêner au cours de nos interventions; seules, les balles sifflant comme grêle entre notre poste et le carrefour rendaient le transport sur brancard périlleux : un de nos brancardiers reçoit à cet endroit une balle dans la tête. Un moment nous apprenons qu'un de nos capitaines de compagnie est tombé à la tête de ses hommes... Notre médecin-major disparaît aussitôt, en pleine action, sous une fusillade implacable, pour lui porter secours.

Enfin Beerst est à nous, mais il nous est passé entre les mains plus de 100 blessés; nous avons perdu trois capitaines de compagnie.

Notre entreprise a dû, une fois de plus, tromper les ennemis sur nos forces réelles; mais notre succès est de courte durée. A la nuit, nous recevons l'ordre d'abandonner le village et de nous replier sur nos positions de la veille.

Le lendemain, à midi, commence le bombardement systématique et de plus en plus intense de la ville et de nos tranchées; les derniers habitants s'enfuient; on évacue les hôpitaux civils.

A partir de ce moment, nous organisons notre service d'une façon telle qu'il n'ait plus à subir de modifications.

Le poste de secours, unique pour les trois bataillons de notre régiment, est aménagé dans la grande salle d'une auberge, sur la route de Dixmude à Caeskerke, en face de la maison qu'occupent notre colonel avec notre médecin-major et notre aumônier. Nous avons à notre droite et à notre gauche, à l'intervalle de quelques maisons, le poste de secours belge et celui du 1er régiment de marins conçu sur le même plan que le nôtre.

En ville, en deux points diamétralement opposés, tout près de la ligne de feu, chacun de nos régiments assure pendant quelque temps le service médical à un petit poste avancé.

Ce sont toujours les autos d'ambulance belges et anglaises qui assurent les évacuations d'une façon pour ainsi dire ininterrompue.

Pendant le jour, nous étions plusieurs médecins à assurer le service. Pour la nuit, nous avions institué un tour de garde avec les deux autres bataillons, de façon que notre personnel pût se reposer deux nuits sur trois.

Pour ne pas nous encombrer, nous n'avions pas dressé de table d'opération; une table ordinaire de cuisine, sur laquelle était disposé tout notre matériel, constituait le seul ameublement de notre poste. Nous pansions nos blessés sur le brancard sur lequel ils nous arrivaient, nous préoccupant surtout de les évacuer le plus rapidement possible; n'est-il pas à remarquer d'ailleurs que les plus braves, une fois qu'ils sont blessés, ont une hâte fébrile de se sentir à l'abri comme de pusillanimes enfants? Quand les autos se faisaient attendre, nous les installions de notre mieux sur un lit de paille disposé à cet effet. Il nous eût été difficile d'assurer l'hospitalité à plus de neuf blessés couchés à la fois. Quand nous étions encombrés, nous avions l'habitude d'évacuer les moins atteints sur le poste du 1er régiment, à titre de réciprocité d'ailleurs.

Le bombardement était intense; Dixmude brûlait par endroits, les attaques de nuit se réitéraient méthodiquement, à l'allemande; nos pertes étaient sérieuses.

Le 23, le médecin-major du 3e bataillon est blessé à la cuisse d'une balle de shrapnell, au moment où il étudiait une position plus rapprochée des lignes pour créer un petit poste de secours adjoint.

Dans la nuit du 25 au 26, une forte patrouille allemande réussit à traverser nos lignes de défense « par une fissure » et pénètre en ville en provoquant une panique. Réveillés en sursaut, dans la maison voisine de notre poste de secours, nous sortons et sommes entraînés, malgré nous, par le flot humain qui fuit vers la gare de Caeskerke. Il fait un noir d'encre, il pleut, des coups de feu partent à côté de nous... A la gare de Caeskerke, avec les médecins des autres postes de secours et les officiers de l'état-major, nous réussissons à arrêter les fuyards. Au petit jour les carabiniers belges et nos marins s'emparent de la patrouille allemande qui n'a pu rejoindre ses lignes ; mais dans cette affaire, nous avons perdu le docteur Duguet, notre médecin-chef de régiment, tué d'une balle au moment de l'alerte, le commandant Jeanniot et une vingtaine d'hommes. Notre aumônier, l'abbé Le Helloco, a été très gravement blessé d'une balle à l'abdomen — parfaitement guéri actuellement, il sert sur un de nos croiseurs cuirassés.

Le 27, nous arrive un renfort de tirailleurs sénégalais. Nous essuyons un bombardement, plus violent que jamais, avec des obus de plus gros calibre. Il ne reste plus de maison intacte dans Dixmude.

Nous ne savons pas encore utiliser les caves et nous perdons beaucoup d'hommes dans les rues. Près du pont tournant, on incinère les cadavres de cinq Allemands tués pendant la nuit fatale et qui gisaient là sans sépulture. A partir de cette date, nous sommes obligé d'aller, tous les matins, en ville, entre 7 et 9 heures, avec une équipe de brancardiers munis de pelles et de pioches pour procéder à la sépulture de nos morts ; il fallait aller vite pour éviter le retour de scènes pénibles dont nous avons été le premier jour témoin, scènes que la plume se refuse à décrire mais que ceux-là reverront dans toute leur horreur, qui sont passés un jour dans une ville démantelée et en feu et où des animaux de toute espèce, affamés par un long jeûne, errent en liberté. Pour aller vite, nous profitons du moindre trou d'obus pour inhumer les corps sur lesquels, avant de les recouvrir de terre, l'aumônier qui nous accompagnait récitait les dernières prières.

En définitive, à côté de ce service d'hygiène bien spécial, tout notre service chirurgical consiste en la mise en place d'un solide pansement antiseptique et en l'évacuation rapide des blessés sur l'arrière. Des malades, nous en voyons très peu. Le mot d'ordre était de tenir ; nos hommes buvaient une eau qui, malgré l'ébullition, restait légèrement saumâtre, ils mangeaient à courir des biscuits et du singe, ils étaient fatigués par les longues veilles et un bombardement incessant. Malgré toutes leurs misères, ils n'osaient se plaindre.

Quand, le 10 novembre 1914, les Allemands entrèrent dans Dixmude, à la liste déjà longue de nos pertes médicales — dans les premiers jours du mois, le docteur Dupin du 1er bataillon et le docteur Petit-Dutaillis du 1er régiment avaient encore été blessés — s'ajouta celle du médecin principal Lecœur, remplaçant depuis peu de jours à la tête de notre régiment le docteur Duguet, et celles des deux médecins du 3e bataillon du 1er régiment restés prisonniers dans les lignes allemandes.

Sous l'effet du bombardement, ce jour-là, nous avions dû reculer notre poste de secours jusqu'au carrefour des routes de Furnes et de Oudecapelle.

Les blessés nous étaient arrivés nombreux. Dans la salle même où nous venions de procéder aux derniers pansements et où nous étions tous réunis, une aveuglante et brutale lueur suivie d'une explosion formidable nous fait instinctivement ployer les épaules ; deux secondes s'écoulent et... notre médecin-chef de régiment est là, inerte, la carotide ouverte par un éclat d'obus ; les soins qu'on lui prodigue immédiatement restent inutiles ; on l'évacue presque aussitôt sur les ambulances.

Sur la disparition de nos camarades du 1er régiment, nous n'avions que peu de détails, mais voici ce que nous avons pu lire depuis dans le journal d'un officier du même bataillon : (cf. de Dixmude à Nieuport par Prieur) « Dès 7 heures du » matin, très violent bombardement de nos abris et de la route » d'Ostende par les deux batteries repérées hier. Leur tir est » admirablement précis. En peu de temps, nous avons plusieurs » blessés. Le docteur Guillet, qui se prodigue toujours au milieu

» du danger au point de passer pour invulnérable, ne craint pas
» de braver le feu pour venir jusqu'à la tranchée et y panser
» sur place les premières victimes, car on ne peut songer à les
» transporter. Il cause, il plaisante ; tout en bandant les plaies
» il console doucement, paternellement ceux qui sont atteints.
» De l'entendre, de le voir, les hommes sont tout regaillardis.
» A côté de lui, un 105 éclate dans le parapet même de la tran-
» chée, les éclats traversent la terre, jetant quatre blessés de
» plus sur le sol. Notre artillerie ne répond toujours pas. Le
» docteur s'en va comme il est venu, défendant à l'infirmier qui
» l'avait suivi à l'aller de retraverser la zone dangereuse pour
» rentrer... Quelques heures plus tard, médecins et poste de
» secours avaient disparu, enlevés par les Allemands. Il ne res-
» tait que l'infirmier demeuré avec nous et sauvé avec nous ».

Dixmude perdu, notre vie au front va changer. La brigade
n'a plus que l'Yser à défendre ; nous installons notre poste de
secours dans le village d'Oudecapelle. Le nombre des blessés
diminue mais celui des malades augmente ; le ressort physique
est brisé.

Le 16 novembre, à la tombée de la nuit, trente-trois jours
après notre arrivée à Dixmude, nous sommes relevés. C'est avec
un soupir de soulagement, mais aussi avec un serrement de cœur
que nous disons adieu à cette terre arrosée du sang de tant des
nôtres.

Nous cantonnons successivement à Hoogstade, à Pollinchove ;
sur ces entrefaites, le 17, notre médecin-major de bataillon,
malade, est évacué.

Le 22, après une assez pénible marche de 40 kilomètres, nous
arrivons à Fort-Mardyk, en France ; nous croyons nous y reposer ;
mais trente six heures après nous repartons pour le front, en
automobiles, cette fois ; nos hommes, fatigués, auraient été inca-
pables de faire la route à pied. Nous avons même dû laisser une
quinzaine de malades que l'on groupa avec les malades des
autres bataillons dans un local de Saint-Pol où l'on constitua un
dépôt d'éclopés.

Le 24, nous nous retrouvons à Pollinchove. Un nouveau

médecin-major, le docteur Bessières, nous arrive le 26 et le lendemain nous repartons à pied pour Dixmude.

Le secteur était déjà défendu par des Belges, des territoriaux et des chasseurs alpins. Du 27 novembre au 8 décembre 1914, nous restâmes là, alternant pour le service des tranchées avec le 3ᵉ bataillon.

Le pays avec lequel nous étions si familier nous semblait différent de celui dans lequel nous avions souffert; il nous paraissait plus triste et plus froid. L'inondation s'étendait au nord, près de Pervyse.

Notre poste de secours est installé à Oostkerke que ne peuvent pas dépasser les automobiles d'évacuation. Il est assez loin des lignes, mais nous fournissons une équipe de deux brancardiers au poste de commandement, près de Caeskerke, que nous allons visiter nous-même régulièrement.

Les blessés se font de plus en plus rares. L'eau est ici franchement saumâtre, mais le commandement réussit à faire venir tous les jours de Dunkerque, à proximité du poste de secours, un wagon-réservoir d'eau douce.

Le 8 décembre, au matin, nous allons rejoindre, dans le sud, les autres éléments de la brigade.

3° **Steenstraate.**

Les tranchées que nos marins occupèrent à partir du 9 décembre 1914 constituaient une tête de pont, sur l'Yser, à la hauteur de Steenstraate. Elles étaient aussi peu confortables que possible, transformées par endroits par une boue visqueuse en de véritables fondrières. Pendant les périodes de repos, on cantonnait dans des fermes disséminées entre Reninghe et la grand'-route d'Ypres à Furnes.

Ici l'ambulance de chaque bataillon fonctionnait isolément. Nous avions installé notre poste de secours à un carrefour de route, à 2 kilomètres environ des lignes, au moulin de Pipe-gaale; installation rudimentaire se réduisant pour ainsi dire à un dépôt de malades et de blessés. Deux de nos brancardiers se relevaient en outre toutes les vingt-quatre heures au poste de commandement. Les évacuations étaient effectuées par des autos anglaises et des autos du Service de santé de la guerre.

Pour remédier aux difficultés d'évacuation de jour des premières lignes à nos postes de secours, un de nos camarades a voulu inaugurer un service régulier de présence aux tranchées, mais l'expérience faite dans de mauvaises conditions, tenant aux lieux et aux circonstances, ne nous semble pas avoir été concluante. Les tranchées ne possédaient pas d'abri suffisant et il était quasi impossible de circuler en plein jour pour se rendre d'un point à un autre. Nous louons cependant l'enthousiasme de notre brillant ami, qui a du moins apporté aux hommes un grand réconfort moral.

Nous ne sommes allé nous-même sur les lieux du combat, pour relever les blessés, que dans la nuit du 17 au 18 décembre. L'affaire avait été rude pendant la journée et tout le Service médical de la brigade s'était réuni comme autrefois à Dixmude, autour de deux postes de secours créés pour la circonstance dans les ruines du village de Zuyschoote.

Une deuxième attaque fut déclanchée le 22, mais notre bataillon n'y fut pas engagé. Si ces deux journées valurent à la brigade des pertes sérieuses, nous n'eûmes les autres jours que bien peu de blessés; par contre, les malades affluaient.

Quand on montait aux tranchées, il était régulier de laisser au cantonnement une vingtaine d'éclopés par bataillon, sans compter ceux, quelquefois nombreux, qui venaient des lignes nous demander l'hospitalité au poste de secours.

Il nous souvient d'avoir gardé un jour au moulin de Pipegaale une dizaine d'impotents. Voilà que les Allemands bombardent et qu'un obus maladroit, ou... heureux, éclate tout près de la grange affectée à notre infirmerie. Jamais médication n'a produit effet plus rapide; tous nos éclopés de trotter dans toutes les directions, oubliant leur mal et leur fatigue.

En réalité, l'état sanitaire du bataillon n'a jamais été aussi peu brillant. Il n'était pas rare au cantonnement de recevoir le matin à la visite 60, 80 malades sur un effectif moyen de 800 hommes.

Ce qui dominait, à cette époque, c'étaient les gelures des pieds, les embarras gastriques, les diarrhées, les cas de fatigue générale.

En octobre déjà, à Dixmude, chez les tirailleurs sénégalais, nous avions pu constater des cas d'œdème douloureux de pieds à forme éléphantiasique. Quand, à Steenstraate, des hommes vinrent se plaindre de douleurs très vives localisées surtout au gros orteil, sans lésion apparente, nous fûmes tentés de les prendre pour des flibustiers ; nous nous sommes cependant vite rendus à la réalité. Des officiers, dont la bravoure et l'endurance ne pouvaient, en aucune façon, être suspectées, vinrent se plaindre des mêmes douleurs intolérables. Il s'agissait manifestement d'une forme bénigne ou avortée de ces « gelures » dont nous avons pu bientôt constater chez d'autres tous les degrés.

Le froid, une nourriture échauffante, l'impossibilité matérielle dans laquelle nous nous trouvions de donner aux hommes de l'eau stérilisée, tout cela joint à la fatigue morale n'était pas fait pour améliorer l'état sanitaire.

Le 21 décembre, nous avions à la visite 110 malades dont 21 « pieds gelés ». Les évacuations devinrent plus nombreuses, le commandement s'en émut et décida de nous faire reposer. C'est le 24 décembre au soir, à neuf heures, pendant la nuit de Noël 1914, que nous quittions les tranchées de ce secteur pour la dernière fois.

Nous avons cantonné d'abord à Oostvleteren, sur la route d'Ypres à Furnes. Pendant plus de huit jours, les hommes purent s'y reposer, s'astiquer, se remettre à une nourriture plus saine, avant de partir pour la France. Le 8 janvier 1915, nous arrivions à Saint-Pol, près de Dunkerque.

Notre drapeau nous était remis le 11.

Pendant ce temps, le 1er bataillon de notre régiment, séparé depuis un mois de la brigade, achevait d'organiser à Saint-Georges les ruines du village qu'il venait d'enlever brillamment à l'ennemi.

Le 15, on le fait revenir à Saint-Pol et c'est notre bataillon qui va le remplacer.

CHAPITRE III

La brigade à Nieuport.

En arrivant à Nieuport, nous n'eûmes qu'à suivre « à la lettre » la façon de faire du 1er bataillon. Le secteur était défendu par des territoriaux, des zouaves, des chasseurs, des cavaliers et des marins. Le service était organisé de façon telle que chacune de nos compagnies faisait tous les quatre jours un jour de tranchées, un jour de réserve dans les caves de la ville, deux jours de cantonnement. Il nous fallait donc assurer le secours médical aux tranchées, en ville, aux fermes.

Deux postes de secours avancés avaient été installés, l'un sur la berge droite de l'Yser, non loin des écluses ; le deuxième sur la route de Saint-Georges.

Dans le premier, le service fut assuré par notre quartier-maître infirmier assisté de deux brancardiers et les infirmiers du régiment de territoriaux, à raison de un tour de garde tous les trois jours.

Dans le deuxième, nous assurions nous-même vingt-quatre heures de garde, à tour de rôle, avec un médecin auxiliaire du corps de cavalerie et un médecin du bataillon des chasseurs. Pratiquement, ce dernier, remplaçant son camarade occupé ailleurs, passait tous les trois jours quarante-huit heures à Saint Georges. Nous étions assistés par des brancardiers marins et territoriaux.

Notre médecin-major centralisait le service dans le poste de secours de Nieuport où le personnel et nous-même habitions quand nous n'étions pas « de garde ».

C'était tout près de la « villa de la Vache crevée », poste de commandement du secteur, dans une de ces auberges que l'on rencontre à chaque pas sur les routes des Flandres, que notre poste de Saint-Georges était aménagé. Il ne restait d'habitable qu'une petite salle du rez-de-chaussée — un brancard déplié suffisait à l'encombrer — et une cave humide où habitaient nos brancardiers de service. Nous couchions dans la salle du rez-de-chaussée. Le matériel médical consistait dans l'approvisionnement individuel de nos musettes à pansement ; une armoire défoncée contenait cependant un dépôt de pansements et d'attelles de bois grossières, faites « par les moyens du bord » ; une brouette porte-brancard du modèle de la Guerre était aussi à notre disposition ; nous étions environ à 1.500 mètres de Nieuport. Mais le secteur était calme ; les blessés, assez rares, venaient des tranchées à la « Vache crevée », le soir, à la tombée de la nuit.

Le poste de secours central, le vrai celui-là, occupait dans Nieuport tout le rez-de-chaussée d'une maison à peu près épargnée par les obus. Une toute petite cave à deux pièces pouvait, le cas échéant, être utilisée comme abri de bombardement. Au rez-de-chaussée : deux grandes salles communiquant entre elles ; l'une devint la salle d'opération, l'autre la salle de repos.

La salle d'opération ou de pansements mesurait à peu près cinq mètres de long sur cinq mètres de large, avec une hauteur de plafond de trois mètres. Au milieu, une grande table de salle à manger, à coulisse, disposée face aux deux fenêtres donnant sur la rue, servait de porte-brancard ; on pouvait très facilement circuler autour d'elle. La nuit, nous obtenions un éclairage excellent au moyen de deux grosses lampes à pétrole que nous avions « réquisitionnées » dans une maison récemment éventrée par un obus. Un poêle « réquisitionné » de la même façon servait au chauffage de la pièce qui, malgré l'interposition de draps de lit aux fenêtres, recevait toute l'humidité du dehors. Dans un coin, une table où étaient disposés tous les objets à pansement, les attelles pour fractures, les instruments et la précieuse teinture d'iode. Ailleurs, un sommier servait de lit de repos pour le brancardier de garde.

Le blessé pansé et restauré — un litre de café était toujours préparé d'avance à cet effet — était couché dans la salle de repos voisine, chauffée également et abondamment garnie de paille fraîche. Il attendait là le moment d'être évacué.

Cette évacuation s'effectuait immédiatement s'il y avait urgence — du P. C. on téléphonait au dépôt des automobiles de Coxyde — ou bien, à heure fixe, par les autos américaines ou anglaises qui venaient régulièrement à Nieuport trois fois par jour.

Les malades de la compagnie en réserve dans les caves de Nieuport venaient passer la visite au poste de secours.

Tous les matins — quand nous étions de service au poste de Saint-Georges, notre confrère du bataillon de chasseurs nous remplaçait — nous allions passer la visite aux compagnies cantonnées aux fermes. Là, aucune installation : dans une écurie, un coin nous était réservé pour l'examen des malades, le grenier à paille situé au-dessus servant de salle d'exemption. Deux brancardiers y restaient à poste fixe pour soigner les malades et nous prévenir, à l'occasion. Mais l'état sanitaire était satisfaisant à cette époque : quelques cas de diarrhée, quelques rhumes et plus de « gelures » malgré la saison.

Un matin, sans que l'on sût pourquoi, trois 105 allemands tombaient dans une de nos fermes et nous blessaient dix hommes.

Au point de vue de l'hygiène générale, nos marins vivent ici dans d'assez bonnes conditions : ils jouissent d'un repos plus prolongé qu'autrefois, dans des cantonnements plus vastes. Le ravitaillement se fait d'une façon parfaite; les jardins potagers de Saint-Georges et de Nieuport approvisionnent abondamment en légumes frais toutes les tables. L'eau est fraîche et saine; deux parcs à huîtres voisins nous fournissent de succulents mollusques... jusqu'au jour où nous y découvrons des cadavres et d'autres impuretés. Nous devons dire que jamais nous n'avons constaté le moindre cas d'intoxication de ce fait.

Nous ne restons pas longtemps seuls. Le 2 février, la brigade a pour mission d'occuper les secteurs de Lombaertzide et de Saint-Georges. Le 4, l'Ambulance n° 1 vient s'installer à Coxyde, tandis que l'Ambulance n° 2 reste encore quelque temps en réserve à Zuydcoote.

Dès lors, les tranchées s'organisent, les services de l'arrière s'amplifient, un grand atelier de réparations se crée de toutes pièces, le service médical se perfectionne.

Ce perfectionnement ne se fait que par étapes. L'organisation du service du front se modifie d'abord : nous abandonnons au 1er régiment le secteur de Saint-Georges, pour défendre devant Nieuport la route de Lombaertzide. Nous héritons du camp Ribaillet où cantonnait précédemment le bataillon de chasseurs, et bientôt se crée tout exprès pour nous, dans les dunes, près de Coxyde, le camp Jeanniot où, trois fois par mois, à tour de rôle, chaque bataillon vient passer quatre jours.

Nous pouvons, dès lors, surveiller de plus près l'hygiène des hommes, résoudre le problème de l'eau des boissons. Le 22 avril, nous abandonnons notre ancien poste de secours, trop régulièrement soumis au bombardement, pour occuper celui dont nous allons maintenant décrire le fonctionnement.

1° Organisation du service médico-chirurgical.

Dispositions relatives au personnel et au matériel.

Le jour où la brigade s'est trouvée réunie autour de Nieuport, nous avons adjoint à notre personnel une équipe de huit autres brancardiers, à raison de deux par compagnie.

Nous disposons alors d'un matériel très complet. Les paniers du Service de santé de la Guerre ont remplacé nos coffres de la marine ; nous ne manquons ni d'antiseptiques, ni de pansements de réserve. Le commissaire nous a donné un lot de vingt-cinq couvertures de laine auxquelles nous pouvons ajouter un stock de caleçons et de vêtements chauds pour couvrir les blessés dont nous sommes souvent obligés de dilacérer les vêtements pour leur éviter, pendant le pansement, les mouvements inutiles et toujours douloureux. Par contre, on nous a supprimé la voiture d'éclopés.

Le poste de secours.

Lorsqu'il fut question d'abandonner l'ancien local trop exposé — il y eut un jour trois brancardiers blessés par éclats d'obus — nous nous sommes mis en quête de caves assez spacieuses pour y abriter les blessés et tout notre personnel.

Dans une brasserie dont les obus n'ont certes pas épargné les superstructures, nous trouvons une série de caves à peu près intactes mais... de vraies écuries d'Augias. Des troupes y avaient cantonné à plusieurs reprises. Jamais nettoyées, elles sont dans un état de délabrement apparent et de saleté repoussante ; par contre, elles présentent l'inappréciable avantage de posséder plusieurs issues, conditions excellentes pour assurer l'évacuation en cas d'éboulement.

En moins de cinq jours, grâce au concours de la corvée de territoriaux mise à notre disposition par le commandement, tout le fumier est enlevé : six salles spacieuses sont d'emblée utilisables ; une septième, éventrée par les obus, peut à la rigueur être aménagée.

Nos brancardiers se mettent alors à la besogne et en moins d'une semaine l'immonde taudis humide est transformé en un poste clair, aéré, très convenable. Nous le meublons petit à petit de chaises, de lits, de tables, de poêles de chauffage et d'ustensiles divers « réquisitionnés » dans les maisons voisines ; un magasin de papiers peints nous fournit des rouleaux de tapisserie et de la peinture. Le 22 avril, nous y fonctionnons pour la première fois.

Nos caves donnaient sur une grande cour qui s'ouvrait par une porte cochère sur une des plus importantes rues de la ville. Nous y accédions par un escalier de cinq à six marches, à pente très douce, par où pouvait très facilement passer un brancard ouvert.

La première salle dans laquelle on pénétrait était une grande salle voûtée, la salle des blessés.

La salle de pansements, contiguë, était moins spacieuse, mais on pouvait quand même circuler à l'aise autour de la table

Bertroux 4

d'opération, la même table à coulisse porte-brancard que nous avions déménagée du premier poste de secours. Une lampe à acétylène, pendue à la voûte, juste au milieu, permettait d'éclairer abondamment le champ opératoire, l'éclairage du jour par le soupirail étant insuffisant pour panser les blessures un peu délicates. Tout notre matériel était disposé là, prêt à servir. Dans une caisse qui restait toujours au poste, nous avions mis en réserve des pansements, de la teinture d'iode, des ampoules de sérum physiologique et antitétanique, des fiches de blessés et un ballon d'oxygène ; c'était le dépôt auquel il n'était permis de toucher qu'au moment des changements de service pour que les blessés n'aient jamais à souffrir d'un retard quelconque, fût-il de quelques minutes.

La salle des blessés dans laquelle le blessé pénétrait d'abord et où il retournait une fois pansé, était la plus vaste et la plus claire du poste. Elle était très humide les premiers temps et un chauffage intensif de deux mois ne fut pas de trop pour la sécher complètement. Les vieux sommiers que nous y avions installés pour grabats furent très rapidement remplacés par dix lits de bois, grossiers mais pratiques.

Ils étaient essentiellement constitués par une caisse de 1 ^{m}80 de long sur 80 centimètres de large, profonde de 20 centimètres et montés sur quatre pieds, d'une hauteur de 60 centimètres environ, disposés de façon que la région de la tête soit un peu surélevée. Ces lits étaient remplis de paille fraîche pour l'usage.

De la salle des blessés on pénétrait directement, par une porte diamétralement opposée à celle de la salle d'opération, dans la salle des brancardiers. Celle-ci était assez vaste pour loger tout notre personnel et possédait, en outre, un escalier particulier de sortie. Le cas échéant, on pouvait faire de cette pièce une salle de blessés annexe pour les blessés assis.

Plus loin la cuisine, sorte de couloir étroit, réunissant nos appartements privés aux salles précédemment décrites. Un brancardier — notre cuisinier dans l'espèce — s'y occupait de la préparation du café pour les blessés et de l'eau bouillie nécessaire aux pansements.

Nos appartements privés, une chambre à coucher à deux lits et une salle à manger, s'ouvraient directement à l'extérieur.

Toutes ces pièces, en enfilade, avaient été soigneusement désinfectées, désodorisées, desséchées et peintes à la chaux; pendant l'hivernage, nous avions nous-mêmes tapissé nos deux chambres.

Pour augmenter la résistance des voûtes, on les avait étayées de gros madriers; extérieurement, une double épaisseur de sacs de sable au-dessus desquels on avait disposé en désordre madriers, poutrelles, rails de chemins de fer. Ces moyens de protection, illusoires contre les gros projectiles, étaient suffisants contre les éclats et les obus de petit calibre.

Dans la cour d'entrée, nos hommes utilisaient les cabinets de l'ancienne brasserie.

Le 9 mai 1915, après une forte préparation d'artillerie, les Allemands réussirent à pénétrer dans un petit élément de notre première ligne; mais le soir même, une contre-offensive vigoureusement menée par notre bataillon nous rendit de nouveau maîtres de la position. Ce soir-là notre poste de secours, le plus beau de Nieuport, a pu, au même moment, abriter 64 blessés couchés ou assis.

Le fonctionnement du poste de secours.

Nous recevions deux sortes de gens au poste de secours : les malades, les blessés.

Le footing n'a jamais été le sport favori des marins qui, bien souvent, pour aller du cantonnement aux tranchées, prétextaient la fatigue et la longueur de la route pour « lâcher » leur section et arriver en retard. Afin d'éviter les abus, d'accord avec le commandement, nous avons institué une sorte de contre-visite au poste de secours où nous avions soin d'arriver un peu avant l'heure de la relève des compagnies. A cette contre-visite devait se présenter tout retardataire. Nous le laissions, par principe, se reposer une demi-heure. Nous procédions ensuite à un examen médical sérieux et à l'application de pansements nécessaires suivant les cas; après nous être assuré que son état général n'était pas incompatible avec le service aux tranchées, nous le renvoyions rejoindre sa compagnie. Si son état le nécessitait, nous le gardions exempt au poste ou bien l'adressions à l'infirmerie régimentaire par l'auto d'ambulance qui passait à peu près à cette heure.

Cette contre-visite coïncidait, en effet, avec l'arrivée des derniers blessés de la journée.

Il nous souvient d'avoir reçu un soir, dans ces circonstances, un blessé dont l'histoire est assez curieuse. Dans le chemin d'accès aux premières lignes, une colonne montante de tirailleurs algériens rencontre la colonne descendante des marins; il y a une certaine confusion de troupes, et des lignes ennemies part une fusillade assez vive. Une balle perdue (?) frappe au visage un tirailleur puis un second maître de notre bataillon. Ce second maître se tournait à demi à ce moment pour donner un ordre; la balle lui entre par la joue droite, rase la partie inférieure du palais sans léser aucun organe et ressort par la joue gauche. Il nous arrive aussitôt au poste de secours. Pas de lésion importante, un trou imperceptible à la face extérieure de chacune des joues..., mais le blessé qui souffrait jusqu'à ce jour d'un bégayement très accusé, nous parle avec une volubilité qui l'étonne lui-même, et nous conte d'un trait son histoire. Nous n'avons pas su si son bégayement était guéri d'une façon définitive.

L'évacuation, des tranchées de Lombaertzide au poste de secours, pouvait très facilement s'effectuer en plein jour, en utilisant des boyaux de défilement; et un blessé ne restait jamais cinq minutes de trop dans les lignes. Nos brancardiers de compagnie avaient acquis une grande expérience des pansements et nous leur laissions toute initiative pour les blessures simples, même quand nous nous trouvions là. Du reste, pendant tout le temps que nous avons passé dans la première ligne, il nous a été rarement donné d'intervenir. Nous croyons que notre intervention immédiate a peut-être sauvé le pied à un pauvre territorial. Un obus venait de bouleverser la tranchée, voisine de la nôtre, tuant deux hommes, en blessant un troisième auprès duquel nous sommes appelé. Quand nous l'examinons, trois minutes après l'accident, un camarade a déjà appliqué le pansement individuel : la plaie est énorme, anfractueuse, intéressant toute la face dorsale du pied et l'articulation tibio-tarsienne. Les tissus déchiquetés sont comme badigeonnés par une boue visqueuse et verdâtre. Après avoir détergé et nettoyé de notre mieux la région avec un litre de tafia offert par le capitaine de la compagnie, nous évacuons le blessé. Quelques mois après, nous apprenions que le pied avait parfaitement guéri sans qu'il eût été nécessaire de recourir à l'amputation.

En dehors de la journée du 9 mai, il n'y eut pas, à proprement parler, de relève des blessés. L'évacuation des tranchées se faisait normalement tous les jours par les soins des brancardiers de compagnie et de l'équipe que nous fournissions régulièrement au poste de commandement du secteur. Dans la journée du 11 mai cependant, le surlendemain de l'attaque de nos tranchées devant Lombaertzide, nos hommes, pendant une sorte d'armistice tacite, allèrent, entre les deux lignes, relever deux blessés allemands qui demandaient du secours.

Fonctionnement du service médical au cantonnement.

Dans les cantonnements — camp Ribaillet et camp Jeanniot — nous avions organisé notre service comme dans une caserne ou un dépôt : visite médicale tous les matins à neuf heures, dans un local disposé à cet effet, contrôle des vivres, surveillance et stérilisation de l'eau, propreté du camp. Nous reviendrons sur ces questions d'hygiène générale dans le chapitre suivant.

Notre infirmerie pouvait contenir huit exempts de service, mais ce chiffre a été rarement atteint. Les cas qui nous paraissaient nécessiter une exemption de plusieurs jours étaient adressés à l'infirmerie régimentaire, soit directement, quand nous étions au camp Jeanniot, soit par la voiture d'ambulance automobile qui, en revenant de Nieuport, passait tous les jours devant le camp Ribaillet, à une heure de l'après-midi.

Quand, le jour de monter aux tranchées, quelques hommes

nous paraissaient ne pas pouvoir suivre leurs camarades, nous les signalions à leur capitaine qui les autorisait à partir une heure ou deux avant la compagnie, sous la conduite d'un gradé.

Infirmerie régimentaire.

Elle fonctionnait au camp Jeanniot, sous la direction du médecin-major de notre régiment, le médecin principal Brugère.

Nous avions l'habitude d'y évacuer les malades ne pouvant manifestement pas reprendre leur service avant quatre jours et les affections que nous ne pouvions pas nous-même soigner au poste de secours : les courbatures fébriles, quelques diarrhées, les plaies infectées.

Elle pouvait recevoir une centaine de malades à la fois : en plus de soins éclairés, ils y recevaient une nourriture meilleure et y bénéficiaient de l'effet moral produit par quelques jours de repos. Ou bien leur état s'améliorait, ou bien leur mal s'éternisait, et dans ce cas le médecin-major les évacuait sur l'arrière ou sur les ambulances de brigade.

Les ambulances de brigade n° 1 et n° 2.

Ces ambulances fonctionnèrent à Coxyde à partir du mois de février 1915. Sans entrer dans le détail des incontestables services chirurgicaux qu'elles ont rendus à nos blessés, nous leur sommes redevables des bienfaisants avantages qu'elles ont procurés à nos hommes valides avec leur salle de douche, leur système de désinfection rapide et le petit cabinet dentaire.

Des ambulances de brigade nos blessés et malades étaient évacués sur l'hôpital d'évacuation le plus proche ou directement sur les grands centres hospitaliers de La Panne ou de Zuydcoote.

Évacuation des blessés.

La brigade ne possédait, à elle, aucun moyen d'évacuation rapide, mais pendant toute notre campagne des Flandres, le

Service de santé de l'armée belge et les autres ambulances volontaires de la Croix-Rouge anglaise nous ont prêté leurs concours.

A partir de février 1915, nous sont spécialement attachés deux automobiles anglaises qui font trois fois par jour la tournée des postes de Nieuport. Nous sommes ainsi en relation constante avec les ambulances. En cas d'urgence, on appelait par téléphone une auto de secours qui, le plus souvent, arrivait avant même que nous ayons fini de panser le blessé.

2° Hygiène générale.

Depuis leur arrivée à Nieuport, nos marins ne se trouvent plus dans les conditions hygiéniques défectueuses de Dixmude et de Steenstraate. Les tranchées s'organisent tous les jours et s'améliorent au point de vue de la défense et de l'habitabilité ; au fur et à mesure que l'on construit de nouveaux camps, on y apporte les aménagements de nos dépôts de l'arrière.

L'eau de boisson.

Quoique la plupart de nos hommes aient été vaccinés contre la fièvre typhoïde, la question de l'eau est celle qui nous inquiéta d'abord. Plus qu'ailleurs peut-être, dans les Flandres, pays bas, marécageux et d'épandage, nous étions en droit de suspecter les eaux que, malgré des ordres réitérés émanant de notre médecin-chef et de nous, nos hommes assoiffés continuaient à boire crue. Aussi de très bonne heure entreprit-on de généraliser une méthode dont on ne pouvait attendre que de bons résultats, la méthode des forages. Le premier puits avait été fait dans un camp des dunes, sur l'initiative de l'ingénieur chef de l'atelier de la brigade.

Un tube métallique de dix centimètres de diamètre environ, dont l'extrémité inférieure est munie d'un perforateur à pointe et percé de trous, est enfoncé verticalement dans le sol au moyen d'une sorte de marteau-pilon à bras. Les tubes ont une longueur de 1ᵐ 50 environ et peuvent être mis bout à bout... Dans notre zone, il fallait enfoncer suivant les endroits de quatre à huit mètres pour obtenir de l'eau en quantité suffisante. Une fois l'installation effectuée, une petite pompe à main permettait de régler la distribution de l'eau.

Chaque camp fut doté de un ou plusieurs puits de ce genre; on en creusa plus tard aux tranchées; on en dota les secteurs voisins.

L'eau recueillie était fraîche, agréable à boire et exempte de germes — elle a été analysée par le laboratoire de Dunkerque. Non seulement elle constituait une excellente eau de boisson, mais elle pouvait être largement employée comme eau de lavage.

A cette fin, on avait disposé dans chaque camp des réservoirs, grandes cuves cylindriques en zinc placées sur un échafaudage de deux mètres de hauteur environ, qui servaient à alimenter une rampe à plusieurs robinets; ce qui avait le double avantage d'être commode et d'éviter le gaspillage. De larges baquets en bois faisaient office de lavoir; nous étions loin de la pittoresque lessive faite, au mois de janvier, dans un creux de la dune, rempli par l'eau de pluie !

Malgré les résultats de l'analyse, on ne voulut pas d'abord livrer cette eau à la consommation sans la stériliser. Entre les multiples procédés de stérilisation on adopta — au moins au camp Ribaillet, au camp Jeanniot — le procédé par les comprimés « tricolores » Vaillard.

A côté de la pompe de distribution du puits de forage, on construisit un solide échafaudage en bois, à double étage, de façon que chacun d'eux puisse recevoir une série de trois barriques couchées, d'une contenance de 200 litres environ. Un tube métallique, muni d'un robinet, faisait communiquer chaque barrique supérieure avec celle qui était en dessous, de façon que l'une puisse se vider complètement dans l'autre. Sur le côté de chacune d'elles, à la partie la plus déclive, était vissé un petit robinet de vidange qui servait en même temps de robinet de distribution. Du sol au robinet de distribution des barriques inférieures il y avait assez d'espace pour interposer un récipient assez volumineux.

Nos brancardiers, sous notre surveillance directe, procédaient à la stérilisation de l'eau des trois barriques supérieures. Nous avions toujours ainsi une réserve qui servait au remplissage des barriques inférieures dont le robinet de vidange était utilisé pour la distribution.

Au cours de l'été 1915, on fit encore construire dans chaque camp une grande cuve cimentée de 1.000 litres pour javeliser l'eau le cas échéant. Nous ne nous en sommes jamais servi.

Si dans les camps nous étions assurés de la pureté de notre eau, il n'en était pas de même à Nieuport et aux tranchées.

Dans tout Nieuport, une seule pompe, près du poste de commandement de la défense, fournissait une eau reconnue potable après analyse. Tous les services s'y approvisionnaient et des corvées d'eau venaient même de Lombaertzide.

Nos camarades du 1er régiment, moins favorisés que nous dans leurs secteurs de Saint-Georges et de l'Yser, avaient adopté le système de stériliser sur place une grande quantité d'eau. Ils remplissaient un grand réservoir de 1.500 litres environ — cylindre à appareil générateur d'acétylène — préalablement disposé au voisinage d'un puits existant déjà ou d'un puits de forage et procédaient à la stérilisation au moyen du permanganate.

A titre documentaire, nous pouvons dire que nous avons essayé d'appliquer la même méthode dans notre secteur au moyen de barriques. Le deuxième jour de leur mise en place, nos barriques étaient défoncées par des éclats d'obus.

Pour le cas de marche en avant, nos bataillons étaient dotés de barriques de 600 litres environ, montées sur roues et pouvant être traînées par un cheval.

La nourriture. Propreté des cuisines.

Le ravitaillement en viande frigorifiée, en pain, en vin et en pommes de terre se faisait d'une façon parfaite et très régulièrement. Avec les 22 centimes de supplément pour achats de légumes frais qui revenaient à chaque homme tous les jours, nos capitaines de compagnie constituaient une cagnotte où ils puisaient largement la veille du départ pour les tranchées pour acheter les extra, salades, fruits, conserves, fromages, devant améliorer l'ordinaire. Dans notre bataillon, on faisait une consommation considérable de camemberts, dont les boîtes, aux tranchées et dans les boyaux de communication, remplissaient le rôle des plaques émaillées bleues de nos rues.

A l'infirmerie, pour nos malades, nous avions toujours une réserve de boîtes de lait concentré. Dans les fermes, il était toujours facile de se procurer du lait frais et des œufs. L'Yser, fort poissonneux, permettait aussi de varier le menu des officiers et des débrouillards.

La cuisson des aliments se faisait naturellement en plein air. Dans le courant de l'été, au camp Jeanniot, l'atelier de la brigade construisit de superbes cuisines en briques et munies de garde-manger. Nous ne possédions pas de cuisines roulantes.

Vêtements. Propreté corporelle.

En colonne, avant la généralisation de la bourguignotte, le béret à pompon rouge différenciait le fusilier marin des autres fantassins. Nous nous rappelons cependant avoir remarqué qu'aux tranchées beaucoup de nos hommes remplaçaient leur béret aux couleurs trop vives par un sac à terre neuf plié en forme de bonnet de coton. La couleur du tissu et celle du mur de la tranchée se confondaient et la « veille » au créneau pouvait se faire dans de meilleures conditions.

Dans son ensemble, l'équipement du marin avait fini par ressembler à celui du poilu; aussi bien les « poux » affectionnèrent l'un comme l'autre.

M. l'officier d'administration Le Doze, de l'Ambulance n° 1, qui a de tous temps, à la brigade, organisé le service général de désinfection et d'épouillage, a bien voulu nous communiquer les détails suivants sur « son » procédé :

« Pendant que nous étions au secteur de Steenstraate, à cause » de la pénurie du matériel et de l'exiguïté des locaux dont elle

» disposait, l'Ambulance n° 1, chargée de la désinfection, s'est
» servie de moyens bien primitifs; voici comment elle procède :

« Deux grosses marmites sont installées dans un local fermé
» et dallé, dans le village où elle fonctionne; un lot de vieux
» effets glanés çà et là serviront pour les rechanges.

» Chaque jour, 20, 30, 40 matelots que les parasites ont
» envahis nous viennent des tranchées. Directement conduits à
» la désinfection, leurs vêtements de laine sont passés à l'essence ;
» même procédé pour la tête et les parties velues du corps.
» Tous les autres vêtements sont plongés dans les marmites et
» soumis à une dizaine de minutes d'ébullition. Pendant ce
» temps, les hommes se lavent à l'eau chaude.

« Les vieux effets, puisés dans le lot qui a été constitué, sont
» distribués aux hommes qui lavent aussitôt leur linge, le sus-
» pendent pour sécher sur du filin qui s'entre-croise au plafond
» de la pièce. Un feu intense est entretenu dans le local. Le
» lendemain à midi, tout est sec. Jean le Gouin reprend ses vête-
» ments en échange de ceux qui lui ont été prêtés, et retourne
» à son cantonnement où, hélas, il ne tardera pas à se conta-
» miner de nouveau.

» Quand, en février 1915, la brigade vient occuper le secteur
» de Nieuport, l'ambulance installée à Coxyde y continuera sa
» besogne hygiénique.

» Installée d'une façon un peu rudimentaire, d'abord au rez-
» de-chaussée d'un café, elle dispose de quelques greniers épar-
» pillés dans le village où elle loge les petits blessés et les
» éclopés. Sur les derrières, entre la rangée d'habitation et la
» dune, un vaste espace sablonneux permet d'édifier un établis-
» sement de désinfection et d'hydrothérapie presque confortable.

» Trois cabines de bains, dénichées dans un coin, sont mon-
» tées sur le terrain. Elles mesurent environ 2 mètres sur 3 et
» sont très hautes de plafond. Elles sont rangées en équerre.
» Une palissade doublée de toile ferme le rectangle qui a 8 mètres
» de côtés. Le sol est dallé. Une toiture en carton bitumé pro-
» tège l'installation contre les intempéries. Le long de la palis-
» sade, à l'intérieur, un lavoir en planches de 6 mètres de long

» est monté. Ce tout constitue une belle salle fermée au milieu
» de laquelle est disposée une grosse marmite lessiveuse dont
» l'usage est double; elle procure l'eau chaude et son feu entre-
» tient une chaleur que les matelots apprécieront.

» A côté de cette installation, un local ayant servi à une com-
» pagnie de gaz abrite d'autres lessiveuses. Des filins y sont
» tendus; c'est en même temps la buanderie et le séchoir fonc-
» tionnant nuit et jour. Il faut ajouter qu'un puits perforé dans
» le sol procure, à 4 mètres de profondeur, une eau abondante
» et potable.

» Cet établissement presque luxueux a été édifié « par les
» moyens du bord » à peu de frais. Nieuport démoli nous a
» fourni les matériaux : de belles dalles en brique, des plan-
» ches, des fourneaux, etc...

» L'établissement peut recevoir quotidiennement 80 porteurs
» de parasites; poux, gale et le reste viennent y faire connais-
» sance avec l'eau bouillante, le soufre et la pommade mercu-
» rielle. Les moyens d'exécution restent simples mais efficaces.
» Au bout de quelques mois, la brigade est à peu près débar-
» rassée.

» Les contaminés sont expédiés à la désinfection vers 2 heures
» de l'après-midi par les postes de secours, suivant un ordre
» déterminé et choisis parmi ceux qui sortent des tranchées.
» Dès leur arrivée, une visite rapide les classe par catégories.
» Deux brancardiers sont chargés de chacune et les opérations
» se passent comme suit, après intervention du perruquier, le
» cas échéant :

« Dans la première cabine, les hommes se déshabillent; les
» vêtements en laine y restent pendus. Quand les hommes ont
» passé, le soufre est allumé dans la cabine qui est hermétique-
» ment fermée jusqu'au lendemain matin.

» Dans la deuxième cabine, au moyen de cylindres à pomme
» accrochés au plafond, se donnent les douches. Dans la troi-
» sième cabine, les hommes s'habillent à nouveau avec les vête-
» ments frais qui y sont déposés.

» Pendant ce temps, les vêtements de corps ont été ébouillantés

» à la buanderie. Leurs propriétaires procèdent à leur blanchis-
» sage et les reportent au séchoir.

» Le lendemain, à midi, tout est prêt : les contaminés d'hier
» échangent leurs vêtements d'emprunt contre les leurs et ral-
» lient leurs compagnies.

» Cette même organisation permettait de délivrer chaque jour
» une moyenne de 150 douches chaudes. Elle n'a pas grevé un
» budget quelconque ; seul le système D en a fait tous les frais ».

Habitation. Évacuation des nuisances. Distractions du Front.

En temps de guerre, à côté du surmenage physique, les
causes démoralisantes concourent à prédisposer aux maladies
infectieuses ; ce sont là considérations dont tout médecin doit
être averti. Ainsi l'hygiène générale de l'habitation, l'organisation de jeux et de distractions saines, deviennent une mesure
salutaire applicable à la prophylaxie des maladies infectieuses.

La vie au grand air est à tous égards plus salubre que dans
les villes, mais il y a ici, aux tranchées comme aux abords des
camps, un danger redoutable à combattre, danger qui résulte de
l'infection du sol par les déjections humaines et animales, les
urines, les déchets de cuisine, les résidus de toute nature,
fumier et matières putrides qui attirent les mouches et servent
d'abri à leurs œufs.

Aux tranchées, chaque capitaine de compagnie s'est ingénié à
faire drainer les eaux d'infiltration. Les feuillées, dont la multi-
plicité devenait un danger, ont été remplacées par des latrines
essentiellement constituées par un trou profond de un mètre
environ, protégé par un mur de sacs de sable, quelquefois cou-
vert et que l'on saupoudrait régulièrement de chlorure de chaux.
Par endroits, nos hommes ont créé des urinoirs au moyen de
plaques métalliques plantées verticalement dans le sol ou avec
des cuvettes de lavabo « réquisitionnées » à Nieuport. Les
marins avaient pris l'habitude de rejeter les détritus de toute
sorte entre les deux lignes, dans nos fils de fer qui s'émaillaient
ainsi, au soleil, de papiers blancs et de boîtes de conserve mul-
ticolores.

Dans les camps, les latrines étaient construites d'après le modèle généralement adopté. Tous les matins, les indigènes civils venaient enlever les tinettes dont ils utilisaient le contenu pour l'épandage.

Dans les premiers temps, nous faisions brûler la paille à la fin de chaque séjour et enfouir bien régulièrement les déchets de cuisine. La construction de fours spéciaux nous permit bientôt de faire procéder à leur incinération.

Pour occuper les hommes pendant les longues heures de loisir au cantonnement, nos capitaines organisaient des parties : parties de foot-ball, parties artistiques et musicales. Le premier concert fut donné au camp Ribaillet, en février 1915, avec l'aide de territoriaux.

Plus tard, le casino de Nieuport fournit des décors dont on fit un théâtre au camp Jeanniot. Ce théâtre bien modeste encore, des baraquements où on l'avait installé d'abord fut transporté dans les dunes et devint cinéma. Les territoriaux, nos voisins, reçurent à leur « Théâtre des poilus » un général, les délégués des puissances neutres en visite sur le front... mais nos marins virent plus tard, paraît-il, sur leur scène, de grandes vedettes parisiennes !

Grâce à toutes ces distractions officielles et à celles que leur esprit inventif improvisait tous les jours, nos hommes jouirent d'un moral excellent et notre situation sanitaire en a bénéficié d'autant.

Précautions contre les gaz asphyxiants.

Brutalement, le 24 avril 1915, ce problème nouveau s'est posé au commandement comme à nous. Dans le secteur tout voisin du nôtre et que nous connaissions bien, à Steenstraate, les Allemands venaient de se servir pour la première fois de gaz asphyxiants, chlorés, nous disait-on.

Suivant les instructions de notre médecin-major, nous avons fait une conférence à tous nos gradés... plutôt pour rassurer leurs esprits, et avons procédé à la hâte à la confection des premiers masques protecteurs. Nous nous sommes servi tout simplement de l'un des deux tampons du pansement individuel auquel nous avons cousu deux cordelettes; pour l'usage, on devait tremper le tampon dans une eau quelconque. En cette occasion, nous avons été fort gracieusement aidé par nos cama- rades des ambulances et par le ministère de la Marine qui réussit, par ses propres moyens, à nous faire confectionner instantanément 10.000 masques.

Depuis, tampons et solution neutralisante ont subi bien des modifications. Pendant deux mois, les masques furent remplacés par des cagoules que nous étions obligés d'inspecter à chaque séjour au cantonnement à cause de la fragilité de leur feuille de mica.

Nous eûmes même, à Coxyde, des séances d' « asphyxie » dans une salle chlorée, pendant lesquelles les hommes s'entraî- naient à respirer correctement à travers le masque et pouvaient se convaincre de son efficacité.

Aux tranchées, on avait disposé des récipients pleins d'eau hyposulfitée pour asperger l'air au moyen d'un pulvérisateur. Les mitrailleurs furent pourvus d'un appareil respiratoire spé- cial. Nous-mêmes, au poste de secours, possédions en réserve une grande quantité de produits neutralisant, un tube d'oxy- gène comprimé avec son ballon de caoutchouc.

Cimetière et culte des morts.

Dans les tranchées que nous occupions devant Lombaertzide et dans le secteur de Saint-Georges, un coup de pelle mettait quelquefois à jour des cadavres enterrés précédemment. Nous faisions alors appel aux brancardiers divisionnaires de Coxyde pour procéder aux exhumations et désinfecter les lieux.

Dès février, nos morts furent tous enterrés à Nieuport, où le major de cantonnement avait organisé un cimetière.

Une chambre mortuaire était aménagée dans notre poste de secours d'abord, dans une maison spéciale ensuite. Pendant un certain temps, nous eûmes des linceuls; puis on nous délivra un lot de cercueils démontés, mais bien vite toutes nos richesses s'évanouirent.

La cérémonie était simple et touchante. A la nuit tombante, le corps, précédé de l'aumônier — un de nos deux aumôniers assurait à tour de rôle huit jours de service à Nieuport — et suivi d'un piquet d'honneur, quelquefois d'un médecin seulement, était conduit près de ceux de ses camarades tombés avant lui. Le lendemain au jour, les camarades ornaient pieusement le tertre surmonté d'une simple croix nue de fleurs artificielles et d'ex-voto arrachés aux décombres.

A Coxyde, les ambulances de brigade avaient aussi leur cimetière ; la sépulture y était plus solennelle, mais sûrement moins émouvante que dans Nieuport désert et démantelé. Ici la nuit sombre, interrompue parfois par l'éclair intermittent d'une fusée, le bruit du canon, le pétillement sec de la fusillade proche, les grands moments de silence entrecoupés du bruit lointain d'une voiture de ravitaillement, ajoutaient une note émouvante à la cérémonie et invitaient au recueillement.

3° État sanitaire.

Il ne nous est pas possible de présenter une statistique de nos malades pendant notre long séjour à Nieuport.

Nous pouvons dire cependant, à titre de « souvenirs », que nous avons évacué au commencement de l'été 1915 plusieurs cas d'embarras gastrique fébrile à forme typhoïdique. Notre médecin-major de régiment, à qui nous venons de demander des renseignements précis, nous affirme que jamais les épreuves de laboratoire n'ont confirmé le diagnostic de typhoïde vraie.

Les cas de diarrhée de tranchée furent, par contre, nombreux. Brusquement les hommes étaient pris de diarrhée rebelle, rapidement séreuse et sanguinolente ; ils se plaignaient à la visite d'avoir de la « graisse » dans les selles ; une courbature assez forte, une élévation de température de courte durée étaient, avec l'aspect des selles, les seuls signes cliniques que nous pouvions constater. Dans la région de Nieuport il existe, paraît-il, tous les étés des épidémies d'une maladie que l'on appelle « l'ostendite »; nous avons pensé que beaucoup de nos diarrhées pouvaient n'être qu'une manifestation de cette maladie.

Un jour nous eûmes chez un de nos capitaines de compagnie un type de dysenterie cholériforme avec selles à grains riziformes, vomissements, crampes, qui guérit du reste rapidement.

Il ne nous souvient pas d'avoir constaté des cas de dysenterie amibienne, malgré la présence au bataillon de marins ayant fait plusieurs fois campagne aux colonies.

Il nous semble inutile d'insister sur les cas de fatigue générale, de maladies spéciales de la peau, des yeux, du nez, sur les affections dentaires aussi que l'on soignait au bataillon ou que nous adressions aux ambulances.

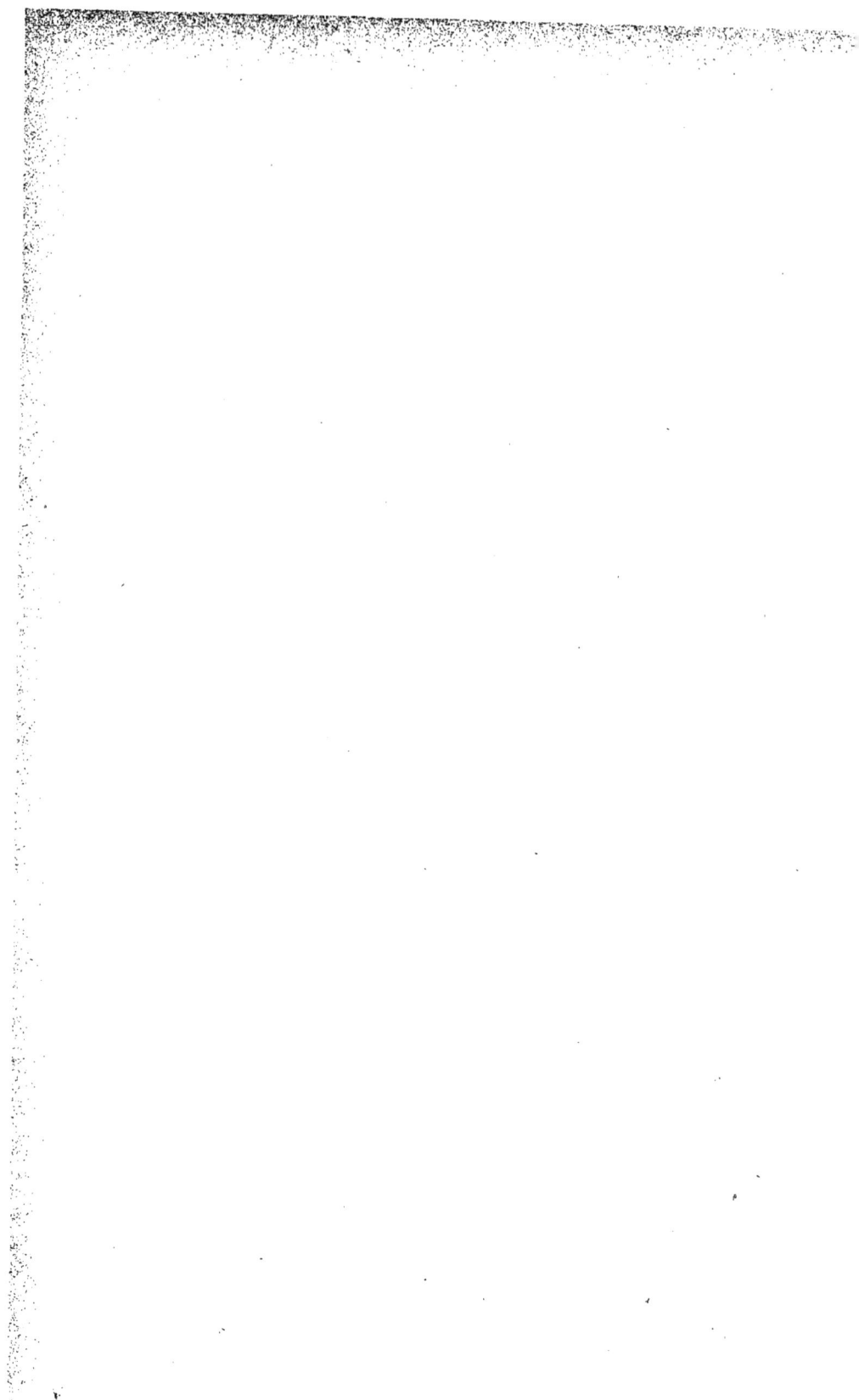

CHAPITRE IV

Nos pertes.

Pendant notre long séjour aux armées, notre rôle chirurgical s'est borné, en somme, à mettre en place le premier pansement et en bonne position un membre brisé, à tonifier un cœur défaillant, à pratiquer, dans certains cas, une injection de sérum antitétanique. A ce propos, nous devons faire remarquer qu'à la brigade des fusiliers marins tous nos blessés ont reçu, dès le début de la campagne, soit aux postes de secours, soit aux ambulances, une injection de sérum antitétanique : jamais il ne nous a été signalé de cas de tétanos. Notre acte opératoire le plus important a été l'extraction d'une balle pointant sous la peau. Quand nous avons pu suivre nos blessés « jusqu'au bout », c'est qu'ils mouraient dans les cinq minutes qu'ils restaient au poste de secours.

Nous avons pu remarquer la forte proportion des blessures par éclat d'obus, la gravité des blessures par balles — presque toutes à la tête — quelques cas de sidération et de choc, surtout les soirs de « torpillage » de la tranchée.

Il nous est arrivé quelquefois un écho des « suites » des blessures de ceux que nous avions connus. Quelques-uns étaient retournés au front du temps où nous y étions encore ; nous en avons revu d'autres depuis, au cours de nos traversées, d'autres enfin ont eu l'obligeance de nous envoyer leur observation ; elles constituent autant de « souvenirs » qu'il nous est aujourd'hui agréable de rappeler.

Observation I.

**Fracture haute de cuisse gauche par éclat d'obus. Soins immédiats.
Guérison sans complications.**

J. P..., capitaine de frégate, commandant le 2ᵉ bataillon du 2ᵉ régiment de marins, a été blessé le 30 mai 1915, à 7 heures du soir, par un éclat d'obus de 120, au poste de commandement, quelques minutes avant la remise du service. Le commandant du 3ᵉ bataillon qui se trouvait là s'empressa auprès de lui, fit le premier pansement et retira d'un trou énorme de la cuisse gauche, un peu au-dessous de la hanche, un éclat d'obus d'excellent métal qui avait découpé à l'emporte-pièce un morceau de capote. L'éclat d'obus a six centimètres de long et un de large. Averti immédiatement par téléphone au poste de secours, notre médecin-major, le docteur B..., examinait la plaie moins de cinq minutes après, diagnostiquait une fracture haute du fémur, désinfectait la région et maintint le membre immobile en extension.

Ainsi pansé, le blessé rallia immédiatement le poste de secours d'où il fut expédié, par automobile, à l'hôpital de Zuydcoote; il y arrivait à 11 heures du soir, après un voyage mouvementé et très douloureux.

L'examen radiographique permet de constater la fracture du fémur siégeant au tiers supérieur, à la hauteur du grand trochanter; on pense d'abord à une amputation, mais l'état général du blessé étant satisfaisant, on se contente de panser et de mouler un appareil plâtré, sous chloroforme. Aucune réaction fébrile; tous les deux jours, pansement à l'éther iodoformé. La plaie énorme se cicatrise assez rapidement. Le 10 juillet 1915, le blessé pouvait prendre le train sanitaire pour Rouen.

A Rouen, nouvelle radiographie avec plâtre, radiographie représentant une cuisse complètement torse et deux morceaux de fémur chevauchant l'un sur l'autre et mal raccordés; dès ce moment, on prévoyait un raccourcissement de 7 à 8 centimètres. En réalité, le plâtre est enlevé le 20 août; à la mensuration, on ne trouve que

.3 centimètres de raccourcissement. Jamais le commandant P...
n'a souffert de son appareil.

Au bout de huit jours, premier essai de station debout sur des
béquilles; mais en voulant monter une marche d'escalier, au troisième jour, il attrape une entorse de la hanche qui le cloue au lit
pour trois semaines. A partir du 25 septembre, il se relève, plus
prudent, cette fois; les progrès ont été normaux, d'abord avec deux
béquilles, puis sur deux cannes. Le 23 octobre, il quitte Rouen avec
un congé de convalescence de trois mois qui ont vite amené une
amélioration remarquable.

En somme, six mois après sa blessure, il marchait avec une seule
canné. Actuellement, claudication imperceptible. La fracture très
nette, sans esquille, a évolué vers la guérison d'une façon parfaite.

OBSERVATION II

Plaies multiples par éclats d'obus de la cuisse droite. Guérison.

M..., lieutenant de vaisseau, capitaine de compagnie du 1er régiment, blessé le 12 mai 1915, vers 16 heures, par l'éclatement d'un
projectile de 57 millimètres tiré à moins de 200 mètres de la position
qu'il occupait en avant des lignes de Saint-Georges. Sur le coup, le
capitaine M... croit avoir la jambe droite brisée; très affaibli, il ne
perd cependant pas connaissance; il ne peut mettre encore son pansement individuel, car ce serait s'exposer à une mort certaine. Il reste
donc immobile, couché. Vers 18 h. 30, les Allemands attaquent...
Vers 21 heures, à la nuit faite le blessé se dégage des morts qui
l'entourent, essaye péniblement de fuir en rampant et... réussit,
après maintes difficultés, à rejoindre la ligne d'où il est transporté à
Nieuport.

C'est au poste de secours que le médecin fait le premier pansement. Nouveau pansement à l'ambulance, moins d'une heure après :
champagne, injection de sérum antitétanique. Le lendemain, à
9 heures, est débarqué à l'hôpital de Zuydcoole, puis couché et radio-
graphié; on refait le pansement.

Le 17, à 9 heures, il est endormi pour l'extraction des projectiles, au nombre de cinq, dont un a sectionné la veine fémorale en effleurant la paroi artérielle. Les pansements sont renouvelés fréquemment, les plaies vont bien, mais la température est assez élevée pendant dix jours.

La convalescence se fait alors rapidement, et le 18 juin, un mois après la blessure, il se lève pour la première fois. Le 27 juin, est évacué sur Rouen et le 1er juillet obtient un congé de convalescence de trois mois.

Depuis, la jambe a fait des progrès mais reste sensible à la fatigue. Les promenades un peu longues sont interdites à M... qui a cependant repris du service à la mer.

OBSERVATION III

Plaie perforante par balle de la poitrine. Guérison complète très rapide.

C..., médecin de 3e classe, médecin aide-major au 1er bataillon du 2e régiment, blessé, le 17 juillet 1915, sur les bords de l'Yser au moment où il allait de Nieuport aux tranchées, par une balle qui lui a traversé la poitrine. Sur le moment, il ne ressent qu'un point douloureux dans le dos ; il tombe, crache un filet de sang et éprouve comme l'impression d'une hémorragie interne. Il reste immobile, sans pansement, sans perdre connaissance ; 20 minutes après, il arrive au poste de secours où on le panse.

L'orifice d'entrée de la balle est un peu au-dessous du mamelon droit, l'orifice de sortie dans la région dorsale, au niveau d'une des apophyses transverses. L'hémorragie est insignifiante, mais on trouve une zone de matité étendue à toute la région de la base du poumon droit. Pansement aseptique, bandage de corps, injection d'huile camphrée.

Le soir même, C... est hospitalisé à l'Hôpital de l'Océan, à La Panne ; il passe presque toute la nuit dans le coma. Le lendemain, il éprouve cependant une amélioration qui s'accentue très vite, au point qu'il mange au bout de cinq jours, fume au bout de quinze. Il se lève vingt jours après la blessure et part en convalescence une semaine après.

Actuellement, il a repris du service à la mer; l'état général est excellent; l'épanchement droit s'est résolu complètement.

OBSERVATION IV

Blessure de l'œil gauche par balle. Extraction d'éclats de la région rétro-oculaire. Guérison avec conservation de l'œil et acuité visuelle de 1/10.

D..., enseigne de vaisseau, blessé, le 17 octobre 1915, au secteur de Saint-Georges, par une balle qui brise les jumelles qu'il tenait devant les yeux. Le premier pansement est fait une heure après, au poste de Nieuport. Évacué immédiatement après sur le service ophtalmologique de l'hôpital de Zuydcoote, c'est le docteur Aubaret qui le reçoit et le soigne.

On constate que les fragments multiples provenant de la jumelle brisée ont été projetés dans l'orbite gauche, dans le tissu cellulaire en arrière de l'œil; quant au globe oculaire, il n'est pas atteint. La balle déviée a effleuré le cuir chevelu et traversé le casque; exophtalmie. Le docteur Aubaret pratique une incision à la partie externe de l'orbite et enlève une grande quantité de petits corps étrangers. Drainage.

Le 7 décembre, on note déjà une amélioration; l'œil est conservé et sa vision s'améliore lentement. On trouve à l'examen quelques corps flottants du vitré.

Le 30 décembre, on note qu'il existe une cicatrice curviligne gagnant la partie externe du sourcil, avec un peu d'œdème dans la moitié externe de la paupière supérieure gauche. La mobilité du globe oculaire paraît conservée; cependant il existe un peu de strabisme interne par suite d'une limitation des mouvements d'abduction. Le blessé voit double par moments; il part en ce moment en congé de convalescence. On ne lui recommande que le repos de la vision.

Le 1ᵉʳ octobre 1916, nous le retrouvons à Salonique où il est en service. L'état de l'œil est parfait; 1/10 d'acuité moyenne; pas de douleurs; pas de mouches volantes. Diplopie légère.

Observation V

Blessure par balle du genou gauche. Arthrotomie. Guérison imparfaite avec raccourcissement de 10 centimètres et ankylose.

L. de B..., blessé, le 19 octobre 1914, à l'attaque de Beerst, au front d'un éclat d'obus, à la jambe, sous le genou, par une balle. Soigné d'abord au poste de secours, il est pansé de nouveau à l'hôpital de Dixmude, puis dirigé en automobile et en chemin de fer sur Dunkerque d'abord, trop plein de blessés, sur Calais ensuite.

Il passe ainsi deux jours et une nuit de voyage en souffrant cruellement. Il ne reçoit pas de soins ou presque : un médecin belge, débordé d'ouvrage, vient le voir une seule fois. A Calais, il reste encore deux jours sans soins.

Le 23 octobre : débridement et curettage de la plaie, puis application d'un appareil plâtre. L'état empirant, le blessé quitte les hôpitaux et se confie aux soins du professeur Quénu. Le 25 novembre résection du genou.

Les premiers jours de février 1915, on enlève le plâtre. Les premiers jours de mars, le blessé commence à se servir des béquilles... enfin, en décembre 1915, on adapte un appareil dont il se sert encore.

La jambe gauche, plus courte de dix centimètres, est raide comme du bois et privée de l'articulation du genou. La suppuration n'est pas complètement tarie, mais la marche est facile et ne provoque aucune douleur.

Observation VI

Blessure par éclat d'obus de la fesse droite. Guérison.

Docteur L..., médecin de 1re classe, médecin-major du 3e bataillon du 2e régiment, blessé le 22 octobre 1914, à quatre heures de l'après-midi, contre le talus du chemin de fer entre la gare de Caeskerke et l'Yser, à 200 mètres environ en arrière des tranchées qui bordaient la rive gauche de l'Yser. L'explosion d'un obus le renverse, mais il n'éprouve aucune douleur immédiate ; il a simplement la sensation d'avoir reçu un coup de bâton sur les reins. Aussitôt compression locale par le médecin aide-major qui se trouvait là et pansement.

Au poste de secours, où il arrive trente minutes après, on constate la présence d'une plaie par éclat d'obus de la fesse droite, profonde de six à sept centimètres environ, intéressant légèrement le bord droit du sacrum. Désinfection à la teinture d'iode, compression dans la plaie à l'aide de compresses de gaze et pansement sec.

Aussitôt après, départ pour Dunkerque. Est conduit à bord du bateau-hôpital *Duguay-Trouin*, à une heure du matin environ. Nouveau pansement et injection de sérum antitétanique. Passage à l'écran radioscopique et extraction de fragments de vêtements dans la plaie; pas d'éclats de projectile. Le 24, appareillage pour Cherbourg où il arrive le 25; hospitalisé à l'hôpital maritime.

Suites normales; légère suppuration et symptômes de sciatique à droite avec difficulté de la marche. Exeat le 17 novembre 1914 avec une convalescence de deux mois.

Au point de vue clinique, il s'est passé à ce moment un fait un peu intéressant : le 15 novembre, avant-veille de sa sortie, est apparu un hématome assez étendu à l'émergence du sciatique poplité externe droit, alors que sur toute l'étendue de la cuisse on ne constatait rien, c'était là l'explication des symptômes de sciatique ressentie, l'ecchymose s'étant produite à la partie déclive. Suites ultérieures excellentes, à part un peu de sciatique, survenant particulièrement avec les changements du temps.

En transcrivant ces dernières observations qui nous ramènent à l'époque de Dixmude, il nous revient à l'esprit le chiffre de nos pertes médicales.

A chacun de nos régiments revenaient sept médecins : un médecin principal de la marine, médecin-major; trois médecins de 1re classe, médecins-major de bataillon; trois médecins aides-major. La compagnie de mitrailleuses avait un médecin-major. Les pertes furent les suivantes :

1° *Pour le 1er régiment* : 4 sur 7. Avant le 10 novembre 1914, nous comptons 1 médecin de 1re classe blessé; 1 médecin de 2e classe disparu; 1 médecin aide-major tué.

Après le 10 novembre : 1 médecin de 1re classe blessé.

2° *Pour le 2e régiment : 5 sur 7*. Avant le 10 novembre 1914, nous avons : 2 médecins principaux tués ; 2 médecins de 1re classe blessés. Après le 10 novembre : 1 médecin aide-major blessé.

3° *Pour la compagnie de mitrailleuses :* L'unique médecin-major blessé avant le 10 novembre.

Les chiffres sont assez éloquents pour montrer par eux-mêmes combien, à la brigade, nos chefs ont su nous donner l'exemple. Parmi nos jeunes, un seul est resté sur le champ de bataille. Les détails de sa fin glorieuse ont été publiés (*Journal de médecine de Bordeaux,* mai 1916) par son frère d'armes et ami J. A..., qui a bien voulu nous autoriser à les rappeler ici.

« Dès le début de la campagne, F. Chastang servait dans le » 3e bataillon du 1er régiment de fusiliers marins. Quiconque a » connu notre cher camarade l'a aimé et « Jean-le-Gouin », qui » le voyait à l'œuvre, l'a beaucoup aimé. « Notre brave doc- » teur » répète à chaque phrase un marin écrivant à la mère de » Chastang »; et ailleurs : « Tous les matins, M. Chastang me » donnait une poignée de mains », dit un agent de liaison. Ce » sont bien là les rapports entre officiers et hommes dans cette » famille affectueusement unie devant la mort que fut la brigade » de fusiliers marins. « Nous aimions beaucoup nos officiers et » nos médecins, car ils étaient bien dévoués pour nous ».

» Chastang qui, « à l'approche de l'ennemi, n'avait pas voulu » abandonner ses blessés », est fait prisonnier le 10 novembre » 1914.

» La masure où est installé le poste de secours est envahie et » une soldatesque furieuse blesse le médecin-major du batail- » lon, qui, au rez-de-chaussée de la maison, tente de briser la » ruée pour sauver la vie de ses blessés rassemblés dans la » cave. Mais Chastang se précipite. « Sans lui, écrit à la mère » de Chastang le médecin-major, je suis persuadé que j'aurais » été massacré. Il s'est interposé, a plaidé ma cause... Un offi- » cier allemand était là ; votre fils le recevait vaillamment et » sauvait nos blessés... Je reste profondément convaincu que je

» dois ma vie à votre fils, auquel je conserve un souvenir plein
» de reconnaissance et d'affection ».

» Dans les lignes ennemies comme dans les lignes françaises,
» le dévouement de Chastang est inlassable et « toute la nuit il
» parcourt le champ de bataille pour ramener les blessés ». Il
» prodigue ses soins à tous, ennemis et amis.

» Le 11 novembre, Chastang est en train de soigner et de
» réconforter un marin blessé. « Je souffrais beaucoup ; mon
» bras gauche, brisé, était dans un triste état et je craignais
» beaucoup une amputation, mais M. Chastang, lui, me disait
» qu'il ferait son possible pour que je ne sois pas amputé ».

« Chastang est tué sur le coup à cet instant, dans le plein
» accomplissement de son devoir médical et dans l'exercice de
» cet apostolat moral, qui fait la force du médecin de l'avant.

» Cette fin brutale et glorieuse, survenue sous les yeux d'un
» médecin allemand « très correct », cause des regrets unanimes.
« Sa mort, écrit le matelot, nous a fait beaucoup de peine, car,
» officiers et marins, nous l'aimions grandement. Il était bon et
» brave. Le médecin allemand, lui aussi, reconnaissait que notre
» docteur avait été brave de ne pas abandonner ses blessés et
» que toute la nuit il s'était dévoué à nous soigner. Aussi l'a-t-il
» fait ensevelir, avec tous les honneurs qui lui étaient dus, à côté
» des officiers allemands. La cérémonie fut solennelle. Sur la
» tombe se trouve une croix avec l'inscription : HIER LIEGT EIN
» BRAVER FRANZÖSISCHER ARTZT (Ici repose un brave médecin
» français) ».

» Le médecin allemand lui-même écrit à Mᵐᵉ Chastang :
« Votre fils s'était attaché de la façon la plus dévouée et la plus
» aimable à nos blessés également qui ont appris, avec les plus
» douloureux regrets, la nouvelle du sort si malheureux qui
» l'avait frappé. Tout ceux-là auraient serré avec reconnaissance
» la main de votre fils et m'ont prié d'être l'interprète de leurs
» sentiments auprès des siens. Puisse votre douleur être adoucie
» par le témoignage de la bonne renommée que votre fils s'était
» acquise chez ses amis et ses ennemis ».

« Les Allemands ont vu comment se dévouent jusqu'au bout

» et comment savent mourir les médecins français; Chastang le
» leur a montré. Merci à notre glorieux camarade de l'exemple
» qu'il nous donne. Notre admiration et notre affectueuse recon-
» naissance vivront aussi longtemps que le souvenir de Chastang,
» dont la citation à l'ordre de l'armée est l'un des plus beaux
» fleurons du livre d'or de la Faculté de médecine de Bordeaux ».

« Chastang, médecin des fusiliers marins. S'est signalé, dès les premiers
» engagements, par son courage, son sang-froid et ses qualités profession-
» nelles. Le 10 novembre 1914, l'ennemi envahit son poste de secours. Ce
» jeune officier, grâce à son sang-froid, sauve la vie à son chef. Frappé à
» mort le lendemain, au cours d'un bombardement, en donnant ses soins
» aux blessés français et allemands, a su, par son attitude, forcer l'admi-
» ration même de nos ennemis ».

CONCLUSIONS

Pendant notre campagne, il nous a été donné de constater que l'un des plus importants problèmes qui se posent au médecin de l'avant est celui de l'évacuation rapide des blessés sur les formations sanitaires de l'arrière.

Celles-ci, plus ou moins rapprochées du lieu du combat, ambulantes ou installées à demeure, pourront seules, dans la plupart des cas, assurer aux blessés les soins chirurgicaux qu'il est matériellement impossible de leur donner dans un poste de secours.

Pour cela il est nécessaire de disposer d'un nombre considérable d'automobiles d'évacuation, toujours prêtes à fonctionner.

Dans la guerre de position, il sera toujours possible d'aménager parfaitement le poste de secours et on pourra, en même temps qu'assurer dans les meilleures conditions possibles les secours aux blessés, faire œuvre d'hygiéniste et de médecin. Dans la guerre de mouvement, on sera souvent obligé de se tirer d'affaire avec des moyens de fortune.

Il importe de remarquer qu'à côté de son rôle professionnel, le médecin doit jouer, dans l'organisation complexe de la défense nationale, un rôle moral important. Si dans les circonstances aléatoires de la guerre il ne peut pas toujours faire profiter ses hommes des ressources dont dispose son art, sa présence là où il y a du danger leur donnera confiance.

Il doit s'appliquer aussi à obtenir du commandement le

concours qui lui est indispensable pour améliorer les conditions de vie toujours assez précaire des combattants. C'est grâce à cette union de toutes les volontés qu'à la brigade des fusiliers marins, formation pourtant bien spéciale, nous avons pu obtenir des résultats sanitaires qui ne nous laissent rien à envier à nos confrères d'armes voisins.

Vu : *Le Doyen,*
Dr C. SIGALAS.

Vu, BON A IMPRIMER :
Le Président de la thèse,
Dr X. ARNOZAN.

Vu ET PERMIS D'IMPRIMER :
Bordeaux, le 11 avril 1917.
Le Recteur de l'Académie,
R. THAMIN.

36.274. — Bordeaux, imprimerie Y. CADORET, 17, rue Poquelin-Molière.

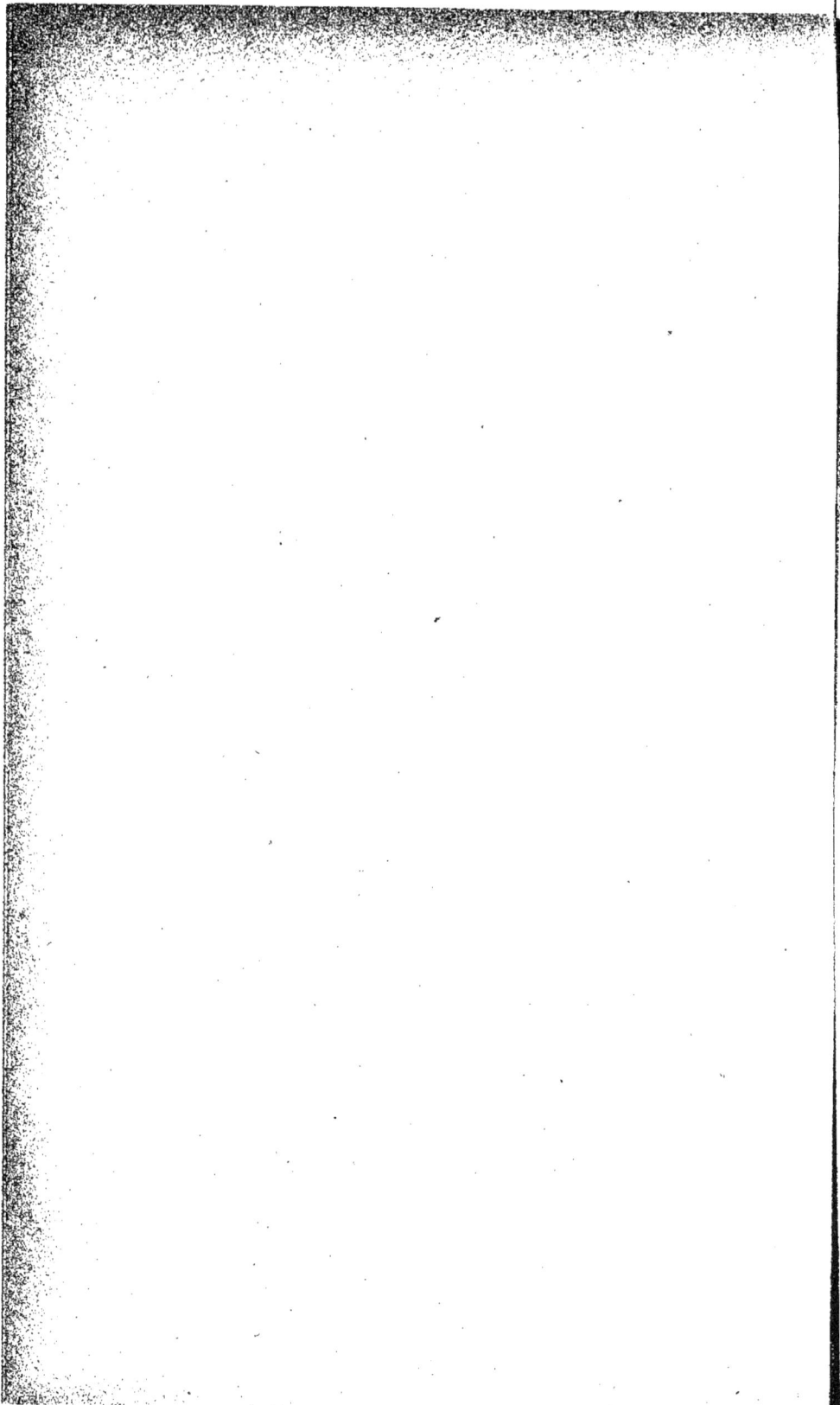

www.ingramcontent.com/pod-product-compliance
Lightning Source LLC
Chambersburg PA
CBHW070916280326
41934CB00008B/1747